cocon

Martin Guth:
Mann, Papa ...!
50 Tage im Leben eines zweifachen Vaters
und einfachen Mannes
Aus der bekannten Kolumnenreihe - Vatertage -

CoCon-Verlag GmbH
In den Türkischen Gärten 13, 63450 Hanau
Tel. 06181 17700, Fax 06181 181333
Email: kontakt@cocon-verlag.de
www.cocon-verlag.de

ISBN 978-3-86314-322-0
Hanau 2016
Titelgestaltung: Daniel Nachtigal

Martin Guth

„Mann, Papa ...!"

50 Tage im Leben eines zweifachen Vaters und einfachen Mannes

aus der bekannten
Kolumnenreihe
-Vatertage-

Inhalt

1	Spuren von Nüssen	6
2	Der gemeine Bücherwurm	10
3	Gefühlte Zeit	14
4	Schwedenkräuter	18
5	Nachfüllbarer Kaffee	22
6	Eins, zwei, Tipp	26
7	Schweize en masse	30
8	Holla die Waldfee	34
9	Miss Meerjungfrau	38
10	Anonyme Harmoniker	42
11	Langweiliger Urlaub	46
12	Das Chipstüten-Phänomen	50
13	Sexy Frauen in meiner Nähe	54
14	Die Sechs mit der Einunddreißig	58
15	Abhalten	62
16	Fleischtunnel	66
17	Justin and the Bricktime	70
18	Memory-BH	74
19	Mutter-Kind-Turnen	78
20	Urlaub buchen	82
21	Versoffener Sonntag	86
22	Zucchinikraftbrühe	90
23	It-girl	94
24	Schall und Rauch	98
25	Früher war alles später	102

26	Das Christkindel-Indiz	106
27	Gut(h)en Rutsch!	110
28	Jedes Kind kann	114
29	Katzen-Comeback	118
30	Müllers Lust	122
31	Gourmet-Genießer-Gänge	126
32	Zu nett für diese Welt	130
33	Wetterfarbe	134
34	Das Alter der Frauen	138
35	Fön-App	142
36	Sensibelchen	146
37	Verbalakrobatik	150
38	Vom Einparken	154
39	Car-Freitag	158
40	Internatsidylle	162
41	Kinderlose Teil 1	166
42	Kinderlose Teil 2	170
43	Klassenhund	174
44	FanFiction	178
45	Einfache Doppelhaushälften	182
46	Hätte, hätte, Fahrradkette	186
47	Mein Haustier	190
48	Tatüta	194
49	Bundesjugendspiele	198
50	1 + 1 = 3	202

Tag 1
Spuren von Nüssen

Ich weiß ja nicht, wie es Ihnen geht, aber mir gibt das tägliche familiäre Leben immer wieder neue Rätsel auf. Ein besonders faszinierender Bereich ist dabei für mich das Thema Ernährung. Vor allem deswegen, weil sich dort seit meiner Jugend extrem viel verändert hat. Oder hatte einer Ihrer damaligen Spielkameraden eine Laktoseunverträglichkeit oder eine Kuhmilchallergie gehabt? Keinem meiner Freunde ist nach dem Verzehr von Erdbeeren die Zunge anschließend zu einem Hefekloß geschwollen. Ich bin mir sicher, in den Fünfziger- oder Sechzigerjahren hätten die meisten Menschen den Begriff Gluten für die Mehrzahl einer im Ofen schlummernden Glut gehalten. Das Einzige, unter dem ich als Kind gelitten habe, war eine Ohrfeigenunverträglichkeit und eine heftige Zimmeraufräumallergie.

Wenn Sie aber heute einen Kindergeburtstag feiern, müssen Sie erst mal einen ausgeklügelten Plan aufstellen, der alle allergischen, aber auch religiösen Ernährungsrisiken ausschaltet. Also kaufen Sie für Jasmin-Kimberly Vollkornnudeln, für Ayla ungeschächtetes Rinderhack und für Leon laktosefreie Sahne. Larissa darf keinen Apfelsaft, Joschi auf keinen Fall Ananas und Karl-Friedrich noch keinen Raffineriezucker, denn den bekommt er „aus politischen Gründen frühestens mit 12", wie mir seine Gluckenmutter erklärt, während schon der nächste besorgte Vater auf mich einredet:

„Ach, übrigens: Jessie darf nicht raus, wenn Birke, Eibe oder Esche fliegen. Und auf keinen Fall darf sie ohne Unterlage auf Teppichböden sitzen, es sei denn, die sind vorher von einem Spezialunternehmen allergisch grundgereinigt worden. Behandeltes Laminat habt ihr ja nicht verlegt, oder? Davon bekommt Jessie immer einen fiesen Ausschlag, und für die Umwelt ist es ohnehin der Super-Gau", flötet Jessies Papa, lässt den Motor seines 17 Liter schluckenden Offroad-Schlittens aufjaulen und brettert davon, sodass ich einen spontanen Ekel-Ausschlag bekomme. Nicht raus? Kein Laminat? Und kein Teppichboden? Herzlich Willkommen, Jessie, und viel Spaß die nächsten dreieinhalb Stunden alleine im Badezimmer. Aber gut, alles kein Problem, jeder, wie er will. Das bringt uns kindergeburtstagserprobten Eltern doch nicht aus der Fassung.

Dann aber kommt Madison-Marianne, deren Mutter uns klarmacht, dass ihr Sonnenschein unter einer extremen Nussallergie leidet (als wäre der

Vorname nicht schon Strafe genug), und damit der Zeitpunkt, an dem Sie als Eltern eine mittlere Panikattacke bekommen dürfen. Vor allem dann, wenn Sie erfahren, dass Madison-Marianne deswegen schon viermal nur äußerst knapp Gevatter Sensenmann von der septischen Klinge gesprungen ist. Natürlich wissen wir um die Gefahr und wo sich laut Herstellerangaben überall „Spuren von Nüssen" befinden können. Auf dem Erdbeerjoghurt steht es drauf, auf der Tiefkühlpizza, auf den Mais-Cornflakes, auf der Tafel weißer Schokolade, der Fertigsoße und den Fischstäbchen. Auch Milchmixgetränke und Kakaopulver können „Spuren von Nüssen" enthalten. Letzteres überrascht auf der Verpackung aber noch mit einem weiteren Warnhinweis: „Kann Spuren von Milch enthalten", steht da kleingedruckt auf der Pulverpackung. Ja, und? Wo ist das Problem? Ich bereite die heiße Schokolade für meine Kinder ohnehin stets mit Orangensaft zu. Milch kommt mir da nicht in den Kakao.

Egal. Sie fragen sich, was es auf dem Geburtstag für die Kinder dann letztendlich zu essen gab? Einen linksdrehenden Tofu-Joghurt aus heimischen Biokulturen, zweifach gefiltertes stilles Wasser aus Lourdes und als besonderes Schmankerl ein fairgehandeltes Bio-Traubenzuckerplättchen aus der

Apotheke. Für den leider erst elf Jahre alten Karl-Friedrich gab es alternativ einen Löffel Soja-Honig. Meine Frau und ich haben dann am späten Abend die unberührte Sahnetorte und die Großpackung Backofen-Pommes samt den Wiener Würstchen gegessen. Was man nicht alles macht, um seine Kinder zu behüten. Am noch späteren Abend haben wir dann in unserem Badezimmer „Spuren von Jessie" gefunden, die wir dort völlig vergessen hatten, deren Eltern aber das omniallergische Kind offenbar auch noch nicht vermisst hatten. Warum auch? Übrigens: Diese Zeilen können Spuren von Ironie, Satire oder gar Zynismus enthalten. Ich hoffe, Sie sind dagegen nicht allergisch.

Tag 2
Der gemeine Bücherwurm

Wie sicher einige von Ihnen haben auch wir daheim ein Haustier. Allerdings keinen Hund, keine Katze, keinen Vogel und auch keinen kleinen Nager. Nein, es ist ein ganz spezielles Haustier, das in den letzten Jahren eine beachtliche Metamorphose vollzogen hat. Geboren als normale „Tochter", hat es sich ab dem fünften Lebensjahr durch beständiges Füttern und gute Pflege zu dem entwickelt, was der lateinaffine Zoologe am ehesten als „liber vermis" bezeichnen würde, einen gemeinen Bücherwurm. Also, „gemein" nicht im Sinne von „fies", sondern im Sinne von „herkömmlich". Wobei exakt dies unser Bücherwurm gerade nicht macht, wenn man ihn ruft, herkommen meine ich. Er registriert es nicht einmal, wenn man ihn aus einem Meter Entfernung ins Ohr brüllt, so tief hat er sich in sein Futter verbissen. Kurzum: Er ist zwar anwesend, aber nicht da. Oder umgekehrt. Dass dieses gefräßige Geschöpf überhaupt noch am Leben ist, merken wir elterlichen Herrchen und Frauchen lediglich daran, dass es überall angefutterte oder fertig ausgesaugte Bücher in Küche, Wohnzimmer oder Bad turmhoch gestapelt liegen lässt oder als Trophäe ziellos durchs Haus trägt wie eine Katze die erlegte Maus.

Jaja, jetzt höre ich Sie schon sagen: „Ist doch toll, wenn das Kind gerne liest." Das stimmt prinzipiell ja auch, und ich will hier nicht über die Maßen kokettieren, aber wenn unsere Leseratte pro Woche drei mitteldicke (inhaltlich eher dünne) Teeniebücher für 12,95 Euro das Stück vernichtet und vehement umgehend Nachschub verlangt, dann ist das – rein finanziell gesehen – nicht wirklich witzig. Nur gut, dass es in vielen Städten eine Anlaufstelle für diese Art von Abhängigen und deren mitbetroffene Familien gibt. Gemeint ist das Amsterdam der Buchstabensüchtigen, der Drogenumschlagplatz für Literatur-Junkies, der Ort, an dem legale GeschichtendealerInnen Angefixten ehrenamtlich neuen Stoff unter die Nase reiben. Die Rede ist von der guten alten Stadtbibliothek. So wie andere Menschen beim „Lidl-Super-Samstag" die Discountermilch barrelweise nach Hause schleppen, wuchten *wir* alle zwei Wochen mehrere hochvoll beladene Leinentaschen aus der Bücherei, mit denen sich unser wortgieriges Haustier sogleich in seinen hermetisch abgeriegelten Bau verzieht.

„Willst du nachher nicht mal ein bisschen rausgehen, es ist so schönes Wetter", schlage ich unserem

Buchstabennager drei Tage später vor, als wir uns – eher zufällig – bei der Nahrungsaufnahme der Normalsterblichen, dem Mittagessen, treffen. „Wie? Rausgehen?", fragt der Geschichtenfresser verstört, ohne dabei auch nur für eine Millisekunde das Lesen zu unterbrechen. „Na, eben einfach mal raus an die frische Luft", erläutere ich meinen gutgemeinten Vorschlag und ernte erwartungsgemäß wieder nur verständnislos verdrehte Augen. „Das ist wie Fensteraufmachen, nur viel krasser", versuche ich, meiner Tochter den Freiluftevent jugendsprachlich schmackhaft zu machen. „Mann, Papa, boa-ey", stöhnt die gestresste Teenie-Dame auf, setzt sich aber zu meiner großen Verwunderung tatsächlich in Bewegung. Während sie mit dem einen Auge weiterliest, tastet sie mithilfe des anderen nach der Balkontür und begibt sich ins Freie. Dort legt sie sich nach einem Achteinhalb-Meter-Marathon-Marsch für die nächsten dreihundertfünfzig Seiten auf die polsterlose und splitterüberzogene alte Holzliege. Eine kluge Wahl, denn bis zum luxuriösen Wellness-Komfortsofa wären es ja noch sechs weitere, mühsame Meter gewesen. Die alte Holzpritsche ist allerdings so unbequem, dass unsere Tochter alle fünfzig Seiten unter enormer Anstrengung die Leseposition verändern muss, um sich nicht wund zu liegen. Dies wiederum stellt für einen trägen Bücherwurm schon ein umfangreiches Sportprogramm dar, wie sie durch ihr theatralisch lautes Ächzen nicht nur uns, sondern auch gleich der gesamten Nachbarschaft eindrucksvoll vermittelt. Trotzdem lächeln meine Frau und ich unsere Tochter zufrieden an. Ich meine: Welche Eltern freuen sich nicht, wenn ihr Kind wenigstens alle drei Tage mal so richtig ins Schwitzen kommt.

Tag 3
Gefühlte Zeit

„An seinen Kindern merkt man, wie schnell die Zeit vergeht." Sie alle kennen diesen Spruch, dem ich persönlich voll und ganz zustimme. Vor allem dann, wenn meine Kinder ihr Zimmer aufräumen sollen. Was da an Zeit vergeht ... Unfassbar! Und wie lange einem das Warten vorkommt, bis man die Bude endlich wieder unfallfrei betreten kann, ohne Angst haben zu müssen, dass sich die rosa Spitze eines auf dem Boden liegenden Einhorns zwischen Ferse und Ballen bohrt. Vergleichsweise kurz erscheint einem die Zeitspanne dagegen, nach der das Zimmer dann wieder exakt genauso verwüstet aussieht wie zuvor. „Kinder, wie die Zeit vergeht", ein Satz, den man von Jugendlichen oder jungen Erwachsenen eher selten hört, von Älteren jedoch häufig.

Dabei ist die Zeit doch die zuverlässigste und unbestechlichste Maßeinheit von allen. Ein paar Kilos kann Frau sich (und anderen) leicht in die Tasche lügen, beziehungsweise in die Taille. Ebenso wie wir Männer uns durch eine geschickte Intimrasur optisch ein paar männliche Zentimeter erschummeln können, denn wie heißt es doch so schön

„Je niedriger die Hecke, desto größer erscheint das Haus". Die erbarmungslose Zeit hingegen tickt für jeden von uns gleich schnell. Und obwohl wir das wissen, haben wir dennoch das untrügliche Gefühl, sie würde hin und wieder unterschiedlich schnell vergehen. Vielleicht hatten Sie auch schon mal den Eindruck, dass die ersten Urlaubstage an einem neuen Ferienort vergleichsweise langsam ins Land ziehen, im Gegensatz zur zweiten Urlaubswoche.

Der Freiburger Psychologe Marc Wittman erklärt dieses Phänomen in seinem Buch „Gefühlte Zeit" damit, dass man viele neue Eindrücke verarbeiten und alles kennenlernen muss. Das Hotelzimmer, die Wege zum Strand und zum Speisesaal, das Sondieren der Ausflugsmöglichkeiten. Nach ein paar Tagen, wenn man sich „eingelebt" hat, werden nach und nach die Wege zur Bar, zum Kiosk oder die Promenade entlang zur Gewohnheit, und schwupps ist der Urlaub auch schon zu Ende. Was man im Urlaub erlebt, lässt sich auch auf das Leben übertragen, so Wittmann. In jungen Jahren verarbeiten Sie täglich Neues, lernen, entdecken, verändern sich, kommen in die Pubertät, werden erwachsen, gehen in den Beruf. Irgendwann, wenn die Persönlichkeit sich entwickelt hat, weiß man, was einem gut tut und was nicht, hat seine Vorlieben, seine Gewohnheiten, und schon vergeht die Zeit immer schneller, also, zumindest gefühlt.

Wissen Sie, woran ich persönlich am allermeisten merke, wie schnell die Zeit vergeht? Wenn der Schornsteinfeger klingelt. Jedes Mal bin ich felsenfest davon überzeugt, dass er gerade erst vor fünf Wochen da gewesen ist. Und jedes Mal macht er mir klar, dass doch schon wieder sechs Monate nicht nur ins Land, sondern auch durch den Kamin gezogen sind, inklusive des Nikolauses.

„Die Zeit vergeht wie im Fluge", ist man da oft geneigt zu sagen, wobei dieser Vergleich für mich seit der letzten Flugreise, als ich meiner fiebrigen Tochter zweieinhalb Stunden lang die Spucktüte unter ihren Mund halten musste, gewaltig hinkt. Diese elendigen drei Stunden Flug haben sich gezogen wie angetrocknetes Fugensilikon. Vielleicht auch deswegen, weil ein mittelschwerer Brechdurchfall der Tochter in einem dichtbesetzten Ferienflieger ein Füllhorn emotionaler Ereignisse und Erlebnisse darstellt. Dazu zählen allem voran die vorwurfsvoll-bösen Blicke der wahrscheinlich schon längst infizierten Sitznachbarn, die sich mental schon darauf eingestellt haben, die ersten Urlaubstage auf dem Klo ihres Hotelzimmers zu verbringen. Ach, übrigens: Falls es dann doch einmal vorkommt, dass Jugendlichen etwas sehr schnell vergangen vorkommt, dann sagen sie nicht „Kinder, wie die Zeit vergeht!", sondern eher „Alter, wie die Zeit vergeht!" und sind dabei – ohne es zu wissen – hochgradig philosophisch.

Tag 4
Schwedenkräuter

Die guten alten Hausmittelchen. Sicher haben Sie alle das eine oder andere familiär überlieferte Geheimrezept, das Sie anwenden, ohne zuvor Ihren „Arzt oder Apotheker" gefragt zu haben, wie es am Ende von Arzneiwerbung stakkatoartig heruntergebetet wird, als müsste man den Weltrekord im Schnellsprechen unterbieten.

Heiße Milch mit Honig gehörte dabei zu den eher angenehmen Hausmittelchen meiner Kindheit, wenn der Hals kratzte oder der Schlaf nicht kommen wollte. Bei Magenschmerzen war bei uns zu Hause der Spaß aber vorbei, denn dann verschwand meine Mutter immer mit ernstem Gesicht in den Tiefen unseres Vorratskellers und holte ein ominöses kleines Fläschchen hervor, das einen aufgesetzten Schwedenkräutertrunk enthielt, den jede durchschnittliche Hexe nicht giftgrüner hätte zusammenbrauen können. Allein bei dem Gedanken an dieses Unglückselixier muss ich heute noch sauer aufstoßen. Die Dosis einer randvollen Flaschenkappe überhaupt hinunter zu bringen, war eine echte Herausforderung. Vor allem, weil ich ja gewusst habe, dass das Zeugs schmeckt wie die Hölle persönlich. Trotzdem kann ich dem Teufelstrank aber eine gewisse Erfolgsquote nicht absprechen. Entweder hat der beißend eklige Geschmack der öligen Essenz die Bauchkrämpfe vergleichsweise wie ein mildes Zwicken erscheinen lassen oder man hat sich derart ausgiebig übergeben, dass anschließend nichts mehr im Magen gewesen ist, was hätte grummeln können.

Während ich diese Zeilen schreibe, greife ich zum Telefonhörer und rufe meine Mutter an. Jahrzehnte später möchte ich nun endlich das familiäre Geheimnis der sagenumwobenen Schwedenkräuter lüften und ihr einige durchaus unangenehme Fragen stellen. Zum Beispiel, wer damals das Gesöff eigentlich „aufgesetzt" hat. Eine dorfbekannte Butzbacher Hexe? Und: Wenn es sich um schwedische Kräuter gehandelt hat, haben die genauso lustig geheißen wie die Möbel von IKEA? Im Bezug auf Geschmack und Wirkung des Trunkes fände ich im Nachhinein KOTZÅ am Treffendsten. In puncto Jugendschutz darf natürlich auch nicht die Frage nach dem Alkoholanteil des Gesöffs fehlen: Hätte ich nach der Verabreichung überhaupt noch Kettcar oder Dreirad fahren dürfen? Oder hätte sogar ein handelsüblicher Drogentest angeschlagen? Fragen über Fragen, mit denen der investigative Sohn seine noch nichtsahnende Mutter nun konfrontieren möchte.

Ich greife zum Hörer, und schon nach wenigen Nachfragen verstrickt sich meine überrumpelte Mutter in Widersprüche. Fakt ist, dass sie die zugrundeliegende, unheilvolle Blättermischung aus der Apotheke bezogen hat. Selbstverständlich, wie damals in den liberalen Siebzigern üblich, ohne vorher nach irgendwelchen „Risiken und Nebenwirkungen" zu fragen. Zuhause wurden die Kräuter dann mit Alkohol („Korn!", ruft mein Vater von hinten) versetzt und mussten anschließend eine Weile durchziehen. Die exakte Herstellungsanleitung dieser biologischen Waffe sei übrigens familiär überliefert und stamme nicht aus dem Internet, so meine Mutter durchaus schlüssig, denn das sei damals noch gar nicht erfunden gewesen. Unverhohlen zugegeben hat sie außerdem, dass sie mir als Junge einmal aus Unachtsamkeit einen kleinen Schwips zugefügt hat. Das jedoch, behauptet sie steif und fest, sei aber nicht mit aufgesetzten Schwedenkäutern passiert, sondern mit „Klosterfrau Melissengeist". Erneut muss ich spontan aufstoßen. Stimmt. Wie in Trance sehe ich die Packung mit den drei unschuldig dreinblickenden, bläulichen Gebetsschwestern im Kirchenfenster vor mir und auch den hochprozentig gefüllten Esslöffel – samt Zuckerstückchen – schon auf mich zukommen. „Und jetzt den Mund gaaanz weit aufmachen", klingt mir die Stimme meiner Mutter in den Ohren. Puh, ich muss Schluss machen, mir wird vor lauter Nostalgie schon ganz flau im Magen.

Tag 5
Nachfüllbarer Kaffee

Jeder von uns hat ein besonderes Talent und kann etwas, was andere nicht können. Ich auch. Sicher ist es noch nicht vielen von Ihnen gelungen, zu einer IKEA-Filiale zu fahren und dort nach exakt sechs Minuten mit nur einem einzigen Artikel an der üblichen Kassenschlange zu stehen. Wenn überhaupt, gelingt so etwas ohnehin nur Männern. Frauen wollen ja selbst nach einer zermürbenden sechsstündigen Möbelaussuchaktion mit Kind und Kegel anschließend bei IKEA noch mal durch die Markthalle „bummeln". Das wiederum gehört ausdrücklich nicht zu meinen Talenten!

Da man mir aber unverständlicherweise den Zugang ins zeitvertreibende Småland verwehrt, sitze ich dann stattdessen oben in der Cafeteria und fülle mich mit nachfüllbarem Kaffee ab. Von hier aus kann ich zudem in aller Ruhe das emsige Treiben auf dem Parkplatz unter mir bestens beobachten. Dort bekommt „Mann" nicht selten einiges für sein schmales Kaffeegeld geboten.

Auch an diesem Tag. Durchaus genüsslich beobachte ich, wie ein streitendes Ehepaar versucht, zwei eben erworbene riesige Hemnes-Kommoden in ihren putzigen VW-Polo zu laden. Ohne professioneller Lippenleser zu sein, weiß ich genau, was sich die beiden gerade in Parkblock B gegenseitig an den Kopf werfen. Solche IKEA-Einpackdramen laufen ja immer gleich ab: Sie wollte sich von Anfang an einen „Sprinter" ausleihen, er hatte gesagt, dass das schon alles irgendwie reingehe. Nach zwanzig flucherfüllten Minuten hat das Paar endlich die sperrigen Kartons in den Polo hineingequetscht. Mühsam windet sich der Mann nun auf den Fahrersitz und klebt sogleich mit der Nase von innen an der Windschutzscheibe, während sich das Lenkrad unsanft in seinen Unterleib bohrt. „Alles kein Problem", höre ich ihn bis zu mir nach oben nach Luft japsen und seinen guten alten Studentenpolo als Raumwunder preisen. Anschließend gelingt es seiner Frau mithilfe einiger geschickter Yoga-Übungen, sich *auch noch* ins prall gefüllte Auto zu schlängeln. Nun ist endlich alles drin. Lediglich die von der Frau unplanmäßig kurz vor der IKEA-Sammelkasse gekauften Riesenpflanzen ragen beim Losfahren zu zwei Dritteln aus den heruntergelassenen Seitenfestern des Polos heraus und sehen traurig ihrem sicheren Schicksal als zerfledderter Kompost auf dem Grünstreifen der A5 entgegen.

Genüsslich hole ich mir die fünfte Tasse kostenfreien Nachfüllkaffees, schließlich müssen die IKEA-Einkäufe ja irgendwie refinanziert werden. Einige Minuten später benachrichtigt mich meine Frau per SMS, dass sie nun in Richtung Kasse unterwegs sei. So zügig wie möglich durchschreite ich die Markthalle in Richtung Ausgang, verpasse dabei aber meine persönliche Bestzeit, da ich insgesamt sechs bummelnden Großfamilien mit Zwillingskinderwagen auf dem Mittelstreifen mühsam ausweichen muss. Wer nun aber denkt, der IKEA-Stress sei mit dem Passieren der Kasse bewältigt, der täuscht sich, denn nun fordern die Kinder den schon lange in Aussicht gestellten Hotdog. Nachdem ich zwei Wurst- und zwei Brötchen-Rohlinge erworben habe, belege ich sie turmhoch mit den kostenlosen Zutaten (Refinanzierung Teil 2), während meine nicht totzukriegende Frau noch mal kurz durch den „Schwedenshop" bummelt, um dort dann – wie immer – exakt *nichts* zu kaufen. Wie allen anderen Hotdog-Essern rutschen auch meinen Kindern nach dem ersten Bissen die fettigen Zutaten des überladenen Hundes auf den Boden, während sich hinter uns ein Kleinkind erbricht. „Tritt sich fest", höre ich den Mann neben mir zu seinen Kindern sagen. Womöglich hat er recht. Vielleicht bringt IKEA ja in ein paar Jahren einen neuartigen naturbelassenen Fußbodenbelag auf den Markt und behauptet, dass man auf einer getrockneten Verbindung aus Röstzwiebeln, Gurken, Senf, Ketchup und Erbrochenem angenehmer läuft als auf Kork.

Für heute habe ich aber genug Leid gesehen und lechze nach einer erfrischenden Belohnung. An der Schwedenshoptheke besorge ich mir sechs Softeis-Jetons und lege mich mit offenem Mund unter die Eismaschine. Das tut gut! Fünfzehn Minuten später erklärt mir meine Frau auf der Parkebene B, dass ich leider nicht mehr in den zum Bersten gefüllten Sprinter reinpasse. Während sie bereits anfährt, trommle ich verzweifelt von außen gegen die Türen, und ein Mann, der mich von seinem Platz aus oben in der Cafeteria hinter der Glasscheibe beobachtet, nippt genüsslich an seinem nachfüllbaren Kaffee.

Tag 6
Eins, zwei, Tipp

Heute nähere ich mich einem Thema, das bei uns zu Hause gerade ganz hoch im Kurs steht: dem Tanzen. Unsere große Tochter ist nach vielen Jahren Ballettunterricht nun in der Tanzgarde des hiesigen Karnevalsvereins aktiv, während die Kleine gerade ganz frisch vom Ballett- in den Hip-Hip-Kurs gewechselt ist und beide gemeinsam tanzen uns daheim fröhlich auf der Nase herum. Die Tanzleidenschaft unserer Kinder geht genetisch allerdings nicht auf mich zurück, der mit dem Tanzen bis heute äußerst gemischte Gefühle verbindet. Denn ich habe damals zu den wenigen Jungs gezählt, die mit 13 oder 14 Jahren den Tanzkurs-Zug verpasst hatten. Und das, obwohl er zum Einstieg bereit vor mir gestanden hat und sowohl Eltern als auch Freunde mich mehr als gedrängt hatten, aufzuspringen, was ich aber nicht getan hatte. Warum? Ich glaube, es hat schlicht und ergreifend an meiner eigenen Verklemmtheit gelegen. Ich habe mich einfach nicht getraut. Die Konsequenzen dieser fatalen Fehlentscheidung habe ich in den folgenden Jahren auf allen erdenklichen verwandtschaftlichen Feiern schmerzlich zu spüren bekommen.

Wie oft haben übereifrige Freundinnen oder Bekannte meiner Eltern an mir herumgezerrt, um den „jungen Mann" zu einem Tänzchen aufzufordern. Bei all den „lustigen" Tanzspielchen dieser Alleinunterhalterwelt bin ich immer schon vorsorglich ins Foyer geflohen oder habe mich – noch sicherer – mit vorgegaukeltem Durchfall für zwei Stunden auf der Toilette eingeschlossen, bis im Saal auch die allerletzte Zwangspolonaise ihr bierseliges Ende gefunden hatte. Solche Erlebnisse sitzen tief, ganz tief. Der promilletrunkene Ausruf „Damenwahl" des „Feschen Günther" (oder wie auch immer diese Entertainer heißen) löst bei mir bis heute noch tief verankerte Fluchtinstinkte aus.

Zu allem Überfluss habe ich später eine Frau heiraten wollen, die weit über den Tanzschulengrundkurs hinaus, im sagenumwobenen „F-Kurs", die Hüfte geschwungen hat. Zum Glück bin ich weitestgehend von übergriffigen Tanzattacken verschont geblieben, aber noch im Vorfeld der anstehenden Vermählung hat sie mir klar gemacht, dass ein feierlicher Hochzeitswalzer für sie unabdingbar sei. Und so habe ich im Tanzgreisenalter von 27 Jahren gemeinsam mit meiner Frau einen Erwachseneneinsteigerkurs belegt. Wir diskutieren noch heute darüber, wer von uns beiden damals das größere Opfer gebracht hat. Immerhin ist es mir dabei gelungen, mir einen extrem schunkellastigen Wiener Walzer, einige Tipp-Fox-Ansätze sowie die ersten zwei Bewegungen einer Rumba draufzuschaffen, ohne meiner Frau dabei die Füße zu zertrümmern. Am Hochzeitsabend selbst habe ich mich dann recht passabel aus der Tanzaffäre gezogen, indem ich die Band bestach, nach dem Eröffnungswalzer sofort etwas „Schmissiges" zu spielen, was ich mit meinem Idioten-Tipp-Fox noch ganz gut hinbekam. Eins, zwei, Tipp. Eins, zwei, Tipp.

Zwei Wochen später hatte ich alles mühsam Erkämpfte wieder verlernt, was ich aber nie bedauerte. Bis heute. Denn wissen Sie, was mir seit einigen Wochen wieder schlaflose Nächte bereitet? Meine große Tochter wird demnächst 14 Jahre alt, und nun schwebt ein anderer angsteinflößender Begriff von früher diffus in meinem Kopf herum: „Abschlussball". Ach, würden es meine Töchter doch beim Ballett, Gardetanz oder Hip-Hop belassen. Dort gibt es für Eltern nämlich keine tanzverpflichtenden Abschlussbälle. Nein, da sitzen Papa und Mama bei Vorführungen einfach nur entspannt im Publikum und freuen sich, ihren Kindern zuzusehen. Wie schön. Ich müsste nicht zwanghaft mit den Müttern der Tanzpartner meiner Töchter vor allen Leuten einen Cha-Cha-Cha oder andere Grausamkeiten dilettieren. Sollte aber der Abschlussball unausweichlich sein, dann werde ich wohl nicht umhin kommen, die verpflichtenden Elterntanzrunden wieder mithilfe eines vorgetäuschten Brechdurchfalls auf der Bürgerhaustoilette auszusitzen, bis der Spuk vorbei ist. Ich weiß genau, was Sie jetzt denken: „Das kann er doch seinen Töchtern nicht antun." Sie haben recht. Allerdings haben Sie mich auch noch nicht tanzen gesehen. Und ich hoffe, dass es auch dabei bleibt.

Tag 7
Schweize en masse

Es ist Urlaubszeit. Vielleicht waren Sie schon unterwegs, womöglich sind Sie aber auch gerade am Kofferpacken. Wo geht es hin? Ins Ausland? Oder – noch abgefahrener – ins EU-Ausland? Nein, ich meine nicht Griechenland. Ich meine die Schweiz. Nicht, dass Missverständnisse aufkommen: Ich mag die Schweizer. Auch wenn ich ihre heilige Kuh „politische Neutralität" etwas ambivalent sehe. Das Problem ist, dass man Neutralität schnell mit Gleichgültigkeit oder Desinteresse verwechselt. Diese Eigenschaften wiederum habe ich bei den Schweizern, die ich persönlich kennengelernt habe, nun wahrlich nicht ausmachen können. Ganz im Gegenteil, vor allem im zwischenmenschlichen Bereich erscheinen mir die Eidgenossen unglaublich sensibel und stets ihrem Gegenüber einfühlsam zugewandt. Zudem sind sie unheimlich dezent und bedächtig, auch wenn sie jenseits der eidgenössischen Grenzen unterwegs sind. Eigenschaften, die so manch ein deutscher Tourist als krakeelender „Spaß-Urlauber" im Ausland leider allzu oft vermissen lässt, wie ich finde. Ballermann lässt grüßen ...

Daher verwundert es auch kaum, dass der Schweizer Kulturinteressierte einen deutschen Kabarett-touristen bei einem helvetischen Gastspiel erst einmal genau beäugt, ehe er sein Humor-Herz an ihn verschenkt. Während eines mehrtätigen Kabarett-gastspiels mit meinem ehemaligen Duo-Kollegen Faber im wunderschönen Bern hat uns der Theaterbetreiber erklärt, dass die Unterschiede zwischen Deutschen und Schweizern klein, aber sehr fein seien. „Wenn ihr Deutschen zum Beispiel zum Bäcker geht, dann sagt ihr: ‚Ich bekomme zwei Kaiser- und drei Weltmeisterbrötchen.' So einen Satz empfinden Schweizer als hochgradig unhöflich. Bei uns sagt niemand: ‚Ich bekomme ...' Hier sagt man: ‚Wäre es wohl möglich, zwei Mutschli zu bekommen?' Merkst du den Unterschied, Martin?" Schweizer wiederholen übrigens den Namen ihres Konversationspartners von Beginn an immer wieder, um nur ja nicht in die unhöfliche Verlegenheit zu kommen, den Namen während des Gesprächs womöglich zu vergessen. Jawohl, ich habe den Unterschied durchaus bemerkt und habe diesen Dialog – weil er mich wirklich beeindruckt hat – bis heute nicht vergessen. Denn diese eigentlich winzige Kleinigkeit einer Formulierung verdeutlicht eine gewisse Höflichkeitsgrundhaltung, die ich bei Schweizern sehr schätze.

Eines aber hat die Schweiz vor lauter netter Neutralität dummerweise vergessen: sich ihren Namen patentieren zu lassen, damit es ein weltweit unantastbares Original bleibt. So aber konnten vor vielen Jahren schon unautorisierte Nachahmer pseudo-eidgenössische Filialen eröffnen, um mit dem guten Namen der Alpenrepublik Touristen anzulocken, sei es als Fränkische, Sächsische oder Holsteinische Schweiz. Allein in Deutschland gibt es laut meiner neunmalklugen Freundin Wikipedia mehr als hundert verschiedene „Schweize". Da hätten sich die Eidgenossen mit einer Art Lizenzvergabe einen goldenen Appenzeller verdienen können. Nun müssen sie sich das dadurch verpasste Geld durch exorbitant hohe Bußgelder wiederholen. Wenn Sie in der Schweiz geblitzt werden (ich sage dies durchaus aus Erfahrung), sollten Sie schon mal die Liquidierung Ihrer Lebensversicherung in Betracht ziehen. Oder, wenn Sie sowieso schon in der Nähe sind, Ihr Schweizer Nummernkonto auflösen. Schweizer Autofahrer hingegen freuen sich ab dem Grenzübergang Weil am Rhein in Richtung Norden wie Schweizer Schneekönige, endlich ihre Luxuskarossen ausfahren zu dürfen, und brettern die 120er Zone bis Freiburg mit locker-flockigen 160 an einem vorbei. Da können die sonst so dezenten

Eidgenossen plötzlich ganz schön auf die PS-Kacke hauen, schließlich sind deutsche Bußgelder für sie vergleichsweise „Peanuts".

Um aber noch einmal auf das Brötchenkaufen zu kommen: Nach meiner Berner Nachhilfestunde in Sachen Höflichkeit werden Sie mich hier in einer mittelhessischen Bäckerei nun niemals einen Satz mit „Ich bekomme ..." beginnen hören. „Ich bekomme drei Weltmeister", darf ohnehin nur Pep Guardiola von Karl-Heinz Rummenigge fordern. Einzige Ausnahme: Wenn ich am Ende der riesigen Sonntagmorgenschlange vor der beliebten Butzbacher „Bäckerei Mack" im Eisregen stehe, kann es schon einmal passieren, dass ich zu meiner Frau sage: „Ich bekomme kalte Füße." To go natürlich.

Tag 8
Holla die Waldfee

Gehören Sie zu den Menschen, die den etymologischen Hintergrund ihres Familiennamens kennen? Die Tatsache, dass es überhaupt Nachnamen gibt, hat – wie so vieles auf dieser Welt – mit dem schnöden Mammon zu tun. Um bei der Steuereintreibung die Untertanen besser registrieren zu können, hat man im Deutschland des 15. Jahrhunderts begonnen, die zum Beispiel achtzig Heinriche der jeweiligen Ländereien nach Berufen (Müller, Meier, Schuster, ...) oder nach äußeren Merkmalen zu unterscheiden. Der groß Gewachsene ist dann folglich Heinrich der Lange gewesen, aus dem die Namenskundler den Nachnamen Langer herleiten. Dass es heute einen flinken Philipp Lahm gibt, Calvin Klein ausgerechnet Männerunterhosen produziert oder Florians Eisen aus Silber ist, sind schlichtweg mutationsbedingte Launen der Natur. Fakt ist, dass die meisten Familiennamen entweder auf den Vater zurückgegangen sind, mit Berufen zu tun gehabt haben (so sind die Vorfahren von Fußball-Kaiser Franz wahrscheinlich Schwimmbeckenbauer gewesen) oder sogenannte „Übernamen" gewesen sind, also Namen, die etwas über eine spezielle Eigenschaft des Trägers ausgesagt haben. Ich denke, Sie können nachvollziehen, dass jemand, der wie ich Guth heißt, diese wissenschaftlich fundierten Studien nur gutheißen kann.

Okay, manche haben da nicht so viel Glück gehabt wie ich. Der Dichter August von Kotzebue zum Beispiel. Dessen Name sorgt bis heute im Geschichtsunterricht immer wieder für verklemmtes Gekicher. Aber auch meine Comedykollegin Mirja Boes, der FFH-Moderator Felix Moese oder aber auch Fußballer Bastian Schweinsteiger sehen das interpretierende Herleiten ihres Nachnamens womöglich etwas Thomas Anders. Ich hingegen habe meinem durchweg positiven Familiennamen unlängst dann dennoch mal etwas genauer nachspüren wollen: Schließlich will man ja seinen Töchtern schlüssig vermitteln, warum sie ihn später nicht für jeden dahergelaufenen Schwiegersohn-Nachnamen hergeben sollen. Stellen Sie sich nur vor, da käme ein Anwärter mit Nachnamen „Strand", und meine Tochter würde sich zu einem Doppelnamen entschließen: Strand-Guth. Und außerdem: Wer kann schon ausschließen, dass mein Name nicht irgendwo in Verbindung mit einem Land- oder Hofgut auftaucht, das vielleicht irgendwo in

Deutschland gerade zu lukrativem Bauland umgewandelt wird und dessen rechtmäßiger Gutsbesitzer nichtsahnend in Mittelhessen sitzt und Kolumnen schreibt? Also habe ich mir ein Ahnenforschungs-Computerprogramm besorgt, es mit allen erdenklichen familiären Daten gefüttert und dann gespannt beobachtet, wie diese hochkomplexe Software auf der Basis meiner eingegebenen Daten sich online mit anderen Ahnendatenbanken synchronisiert und weiterführende familiäre Verknüpfungen und Verbindungen hergestellt hat, ehe es mir am Ende einen stattlichen Stammbaum zum Ausdrucken präsentiert hat.

Leider ohne liquidierbaren Gutsbesitz, dafür aber mit der durchaus überraschenden Tatsache, dass Holla die Waldfee eine Urahnin von mir ist. Ja, so absurd es auch klingt, aber der angezeigte Stammbaumzweig hat durch eine beindruckende Schlüssigkeit bestochen. Von hinten aufgerollt, ist das nämlich so gewesen: Holla die Waldfee war die große Schwester von Ab geht die Luzi, die in erster Ehe mit Adam Riese verheiratet war, ehe sie nebenbei noch den Flotten Otto hatte. Dessen Bruder Leichtfuß war Schmalhans Küchenmeister, seinerseits Schwippschwager von Mein lieber Herr Gesangsverein und Onkel dritten Grades zu Miese-

Peter und Pikus, dem Waldspecht. Dessen Ehe mit der Kalten Sophie zerbrach, weil sie Zahlemann und Söhne mit in die Ehe brachte. Die Söhne hießen Hans guck in die Luft und Zappel-Philipp, der dann in Tante Emmas Laden, bei Hempels unterm Sofa, Lieschen Müller zeugte, die später Frech wie Oskar heiratete. Als Lieschen Müller dann mit Spitz wie Nachbars Lumpi durchbrannte, zog der von Pontius zu Pilatus und machte sich auf vielen Jahrmärkten als Hau den Lukas ordentlich zum Horst. Den wiederum zog es Jahrzehnte später nach Skandinavien, wo er als Alter Schwede nicht nur vom Saulus zum Paulus, sondern auch zum Hans Dampf in allen Gassen wurde. Zu guter Letzt gebar ihm seine junge Frau Pandora aus ihrer Büchse ein gesundes Alphamännchen. Und Gott sah, dass es GUTH war.

Wissen Sie, was das in letzter Konsequenz bedeutet? Mein Name resultiert ursprünglich aus der Schöpfungsgeschichte. Gott schuf Adam und sah, dass es GUTH war. Ob Eva schon so modern gewesen ist, dass sie auf einen Doppelnamen bestanden hat, ist mir nicht bekannt.

Tag 9
Miss Meerjungfrau

Im September vergangenen Jahres habe ich in einem Online-Artikel gelesen, dass in Schorndorf bei Stuttgart erstmals eine „Miss Meerjungfrau" gekürt wurde. Bei aller redaktioneller Exaktheit hat der Artikel die wichtigste Frage aber leider unbeantwortet gelassen: Wie zum Teufel sind all die flossigen Teilnehmerinnen bloß in die schwäbische Provinz gekommen? Meines Wissens liegt Schorndorf weder an Ost- noch Nordsee und auch sonst an keinem nennenswerten größeren Gewässer, sieht man mal vom Flüsschen Rems ab, das den Ort gelangweilt durchquert.

Nun drängt sich mir als absolutem Misswahl-Laien natürlich die Frage auf, welches Talent die Siegerin dieses Contests, die zwanzigjährige Studentin Vada aus Pocking, an den Tag (oder auch ins Wasser) hat legen müssen, um zu Recht mit dem bedeutenden Titel „Miss Meerjungfrau 2014" ausgezeichnet zu werden. Der Organisator dieses wichtigen Events erklärt dazu der Stuttgarter Zeitung gegenüber, dass die junge Dame aus Pocking „nicht nur hübsch ausgesehen hat und ein wenig posieren, sondern auch besser mit ihrem Meerjungfrauen-Schwanz tauchen und schwimmen konnte als ihre 23 Konkurrentinnen". Aha. Das ist natürlich ein strammes Programm für all die jungen Damen, die aus ganz Deutschland zu diesem Gipfelpunkt intelligenter Unterhaltung „angereist" waren, wenn man das bei Meerjungfrauen überhaupt so nennen kann.

Neben der obligatorischen Miss-Schärpe gewann die vermutlich angehende Meeresbiologin Vada die Teilnahme an einem Modelcamp, einige Fotoshootings, zahlreiche Sachpreise (vermutlich eine Taucherbrille und einen Satz Duschhauben) sowie eine eigene Briefmarke, die meines Wissens aber bislang noch nicht in den mittelhessischen Poststellen „aufgetaucht" ist, wie man bei Meerjungfrauenbriefmarken wohl sagen muss.

Platz zwei und drei des Contests sind übrigens nach Hessen gegangen und zwar an Eleonora aus Bad Endbach und Nicole aus Gladenbach. Dass es für unsere beiden Bundeslandsfrauen nicht zum Titel gereicht hat, ist zwar schade, aber durchaus erklärbar, denn beide Meerjungfrauen mussten den ganzen langen weg via Lahn, Rhein, Neckar bis in die Rems flussaufwärts schwimmen. Zumindest ab Lahnstein. Und dass Flussaufwärtsschwimmen gehörig in die Flossen geht, weiß jedes

Wassermannkind ohne Seepferdchen, insofern empfiehlt es sich für potentielle Nachwuchsmeerjungfrauen, schon mal ins Training am Heuchelheimer oder Inheidener See einzutauchen. Womöglich tut´s auch das Bad Nauheimer Gewässer im Kurpark, wobei man dort als Teichjungfrau aufpassen muss, nicht in einen der fiesen Tretboothäcksler zu geraten. Sonst gibt´s Flossensalat.

Trotzdem kann es gut sein, dass sich unter die angehenden Meerjungfrauenanwärterinnen irgendwann auch meine Töchter mischen, denn die thematisch passende Serie im KIKA („H2O – Plötzlich Meerjungfrau") wurde von ihnen korallenschwammähnlich aufgesaugt. Noch steht allerdings in den Seesternen, ob die Wahl zur Miss Meerjungfrau in Schorndorf eine Neuauflage erfährt. Bösen Gerüchten zufolge behaupten Gegner dieser Veranstaltung doch tatsächlich, Meerjungfrauen seien Fabelwesen, würden Sagen oder Märchen entspringen und folglich in Wirklichkeit gar nicht existieren. Alles also nur ein großer Promotion-Fake? Wie dem auch sei, der Schorndorfer Veranstalter möchte sich von solchen niederträchtigen und unromantischen Verleumdungen nicht kleinkriegen lassen und an der Veranstaltung festhalten. Trotzdem ist er klug genug, derweil zur

Sicherheit schon alternative Preisverleihungen vorzubereiten. Eine davon soll die „Miss Raten" küren, die anschließend in einer SWR-Quizsendung glitschige Assistentin des schmierigen Frank Elstner werden würde. Eine andere Wahl soll eine „Miss Lungen" hervorbringen, die zur Belohnung als Maskottchen für „Stuttgart 21" werben darf, während eine etwaige „Miss Verständnis" den scheidenden TV-Nacht-Talker und Seelenmülleimer Jürgen Domian ablösen könnte. Tja, im Schwabenland sind Miss-Wahlen offensichtlich sehr angesagt. Komplett unbestätigten Informationen zufolge hat das dortige Kultusministerium unlängst die von einem Schulamtspraktikanten angedachte Kür der beliebtesten Lehrerin des Bundeslandes unter dem Titel „Miss Bildung" gerade noch rechtzeitig stoppen können. Wäre ja auch ein ziemlich peinliches „Miss Geschick" gewesen. Ob es in Amerika, wo wirklich alles Undenkbare möglich ist, jemals eine Wahl zur „Miss Issippi" oder zur „Miss Ouri" gegeben hat, entzieht sich leider meiner Kenntnis. So, jetzt ist aber Un-Miss-Verständlich Schluss.

Tag 10
Anonyme Harmoniker

Ich beginne heute mit einem Geständnis. Ich, Martin Guth, bin bei den anonymen Harmonikern. Nein, das hat nichts mit Musik zu tun. Einmal im Monat treffe ich mich mit anderen notorischen Konfliktvermeidern, krankhaft Auseinandersetzungsscheuen und zwanghaften Streitumschiffern. Uns verbindet der ewig gleiche Vorwurf unserer Freunde, vor allem aber unserer Ehepartner: „Mit dir kann man ja nicht einmal richtig streiten!" Wenn mich meine Frau diesbezüglich besonders perfide aus der Reserve locken will, zitiert sie Goethe: „In der Ehe ist der gelegentliche Streit sehr nützlich: Dadurch erfährt man etwas voneinander."

Um den Beziehungsfrieden zu wahren und in Sachen Streitkultur nicht als beratungsresistent zu gelten, bin ich schließlich dem Rat meiner Frau gefolgt und zu den „Anonymen Harmonikern Gießen-Friedberg" gegangen, unter der Leitung von Joey. Dieser tätowierte junge Mann stellte sich als Querausteiger aus dem Türsteher- und Security-Milieu vor, der durch zweieinhalb Fortbildungsseminare – in einem ziemlich evangelischen

Wetterauer Jugendlandheim – erfolgreich zum „pädagogisch wertvollen Konfliktherd" umgeschult wurde. Ich finde Joey als Gruppenleiter wirklich klasse, denn er ist ein ungemein talentierter und ausdauernder Streitanzettler. Permanent versucht er, uns klaglose Weicheier (neudeutsch: „Opfer") mit den niederträchtigsten Vorwürfen und abscheulichsten Behauptungen aus der tiefenentspannten Reserve (neudeutsch: „Komfortzone") zu locken. Es ist eine wahre Freude, zu beobachten, wie er immer wieder seinen ganzen Lebensfrust, seinen Hass auf Gott, die Welt, vor allem aber auf uns, in die 45 Minuten langen Gruppenstunden packt und uns dabei rund macht wie Rheinkiesel. Und das Ganze durchaus erfolgreich.

Unseren Gruppenältesten, den lässigen Lothar, hat er damit im Dezember mal so gereizt, dass unser Vorzeigeharmoniker sich im Affekt zu einem bislang für ihn unvorstellbar hasserfüllten „Lass' gut sein, Joey!" hinreißen ließ, was unser sich dadurch provoziert fühlender Gruppenleiter wiederum mit einem zackigen Kopfnicken quittierte, ohne zu bemerken, dass Lothar nur einen Millimeter vor ihm stand. Während unser Harmonie-Oldie wenige Sekunden später verzweifelt versuchte, das Bluten seiner dreifach gebrochen Nase zu stoppen, nahm sich Ronny, unser CVJM-geprägtes Gruppenküken, ein Herz und schrie Joey voller Zorn an, dass er den Kopfstoß gegen Lothar „also jetzt irgendwie nicht ganz so okay" fand. Diese offene Kriegerklärung nahm Ex-Zuhälter Joey wiederum zum Anlass, erst so richtig aufzudrehen. Und plötzlich stritten wir. Endlich! Nicht in der Theorie, nein, ganz in echt! Wir gegen Joey, Joey gegen uns. Das hatte er wirklich geschickt eingefädelt. Wir haben die Auseinandersetzung in vollen Zügen genossen und alle unsere Differenzen bis zum Ende ausgefochten.

Als Ronny, Lothar und ich drei Wochen später in der Reha beisammensaßen, schwärmten wir immer noch von Joeys durchschlagkräftiger Therapiestunde. Nur *ihm* haben wir es zu verdanken, dass wir nun zu diesen harten Hunden gehören, die über ein Jahr lang knochenstützende Metallplatten in sich tragen müssen. Leider ist Joey – in völliger Missdeutung seiner erfolgreich geführten Gruppenstunde – vom Sozialträger für zwei Jahre und drei Monate nach Frankfurt-Preungesheim versetzt worden.

Wer aber nun vermutet, Lothar, Ronny, ich und die anderen unserer Mensch-Ärgere-Dich-Gruppe wären nach der Beendigung unserer Reha wieder in alte Unter-Den-Teppich-Kehr-Muster zurückgefallen, der irrt sich. Joey hat definitiv Spuren hinterlassen, nicht nur äußerlich. Vor allem Lothar hat in Punkto „Streitkultur" vorgestern bewiesen, dass er einen riesengroßen Schritt nach vorne gemacht hat. In der nun von Ex-Tätowierer und Hells-Angels-Gründungsmitglied Hotte geleiteten „Wie werde ich ein Aggressiv-Leader?"-Gruppenstunde behauptete Neumitglied Lars doch tatsächlich, man hätte damals mit diesem Joey wohl sprichwörtlich den Bock zum Gärtner gemacht, woraufhin ihm Lothar ohne zu zögern ordentlich die Fresse polierte. Wir sind *so* stolz auf Lothar und können in Preungesheim nun gleich *zwei* trockene Harmoniesüchtige *auf einmal* besuchen.

Ich persönlich habe gelernt, meine Frau und ihren doofen Goethespruch nun mit einem gepflegten Zitat des deutschen Philosophen Eduard von Hartmann auszukontern, denn es macht klar, warum wir Männer uns so ungern mit Frauen streiten: „Bei Weibern geht fast jeder sachliche Streit in einen persönlichen über." Auf gut Deutsch: Mit Frauen kann man ja nicht einmal richtig streiten. Als geouteter Hamoniesüchtiger hoffe ich nun aber, dass diese Zeilen nicht mittelhessenweit zu massiven Beziehungsgesprächen führen. Falls doch: Unsere konfliktscheue Gruppe hat noch Plätze frei.

Tag 11
Langweiliger Urlaub

Liebe Leserinnen und Leser, ich hoffe, Sie hatten einen schönen Sommerurlaub. Wie meiner gewesen ist? Schön. Manchmal sogar langweilig. „Wie? Langweilig?", höre ich Sie gedanklich rückfragen. „Nicht ereignisreich, sportlich, feucht-fröhlich, voller aufregender Eindrücke und Erlebnisse?" Nein. Er war schön langweilig, und das ist auch gut so gewesen.
Mal Hand aufs hektische Herz: Wann haben Sie sich das letzte Mal so richtig gelangweilt? Das ist lange her, oder? Ich selbst verbinde Langeweile fast ausschließlich mit meiner Kindheit, als ich mich sonntags weder verabreden noch alleine raus zum Spielen gedurft habe. Ich glaube, bei vielen von uns hat sich der Zustand Langeweile mit dem Erwachsen- und Älterwerden komplett aus dem Leben verabschiedet. Im Gegenteil, wir sind heute multiple Workaholics, sei es beruflich oder familiär. Ja, sogar unsere Freizeit packen wir randvoll bis in die letzte Minute, so dass der Begriff „Freizeit" (also freie Zeit) eigentlich ad absurdum geführt wird. Ich befürchte, wir haben es schlichtweg verlernt, uns hin und wieder mal so richtig gepflegt zu langweilen.

Und wenn sich dann doch mal unerwartete „Zeitfenster" auftun, versuchen wir, diese sofort möglichst effektiv zu nutzen, weshalb ich manchmal das Gefühl habe, wir optimieren uns irgendwann noch zu Tode. Manche von uns erkennen diese Gefahr jedoch und steuern dagegen, indem sie sich in die allerletzte Lücke des Terminkalenders einen spätabendlichen Entspannungskurs aufoktroyieren. Dort lernen sie, zu „relaxen", „runterzukommen", zu „chillen", wie man heute sagt. Dumm nur, dass man sich dafür aber wieder umziehen sowie hin- und zurückfahren muss. Und wenn man nach Hause zurückkehrt, übermannt einen prompt das schlechte Gewissen, weil die Kinder einmal mehr ohne Gutenachtgeschichte ins Bett gehen mussten. Und schon ist die ganze zwangsverordnete Entspannung dahin. Vielleicht hätte man sich alternativ doch lieber einfach mal mit seinen Kindern gemeinsam langweilen sollen. Denen tut das auch gut, bei all dem Schulstress oder nach einem turbulenten Kindergartentag.

Sich langweilen ist aber kein Selbstläufer, sondern eine Kunst, wie mir unser zurückliegender Familienurlaub an der Nordsee gezeigt hat. Kaum angekommen, habe ich voller Energie konkrete Pläne für die ersten beiden Tage schmieden wollen. Dazu hatte ich den über Monate hinweg zusammengestellten „Eventordner" mit etwa 135 ausgedruckten Seiten kindgerechter Ausflugsziele im Umkreis von 150 Kilometern, den Tidenstand der kommenden Woche sowie den aktuellen Wetterbericht für die nächsten drei Tage auf den Tisch der Ferienwohnung gelegt.

„Nichts. Wir machen erst mal nichts", hat meine Frau trocken gesagt und mir sogleich jeglichen Wind aus meinen Urlaubssegeln genommen. Meine große Tochter hat nur abwesend auf ihr Buch gezeigt, während meine kleine Tochter mir erklärt hat, dass ihr die Schaukel und der Sandkasten im Garten der Ferienanlage erst einmal genügten. Aha. Monatelang hatte ich diesen Urlaub minutiös vorbreitet und nun das. Die Familie boykottierte meine Pläne.

Tja, und da ist mir zwangsläufig nichts anderes übrig geblieben, als mich zu langweilen. Nicht den ganzen Urlaub, aber immer wieder zwischendurch. Und soll ich Ihnen etwas sagen? Es ist großartig gewesen. Ich kann es jedem nur empfehlen.

Noch auf der Heimreise haben meine Frau und ich uns fest vorgenommen, auch im Alltag die Langeweile nun öfter in unser Haus zu lassen und sie nicht kategorisch an der Tür abzuweisen wie den

Eismann-Vertreter. Vor allem an Sonntagen, so wie heute auch einer ist. Bis wir uns aber langweilen können, muss ich noch das Mittagessen kochen, während meine Frau die restlichen Klausuren korrigiert. Dann muss ich noch schnell meine Mutter besuchen, fix diese Kolumne überarbeiten und ein paar Büro-Kleinigkeiten für Montag vorbereiten, ehe es Abendessen gibt und die Kinder ins Bett gebracht werden müssen. Äh, Moment mal, wo bitte soll ich denn da jetzt noch Langeweile unterbringen? Mist. Wieder nicht geschafft.

Aber morgen! Morgen muss es klappen. Nach Absprache mit meiner Frau, der Verlegung zweier Telefonate und einem schnellen Check aller Kindertermine wird sich morgen von 17:08 Uhr bis 17:15 Uhr ordentlich gelangweilt. Sollte ich Sie, liebe Leserinnen und liebe Leser, gelangweilt haben, wäre das zwar nicht im Sinne des Erfinders, aber auch nicht tragisch. Immerhin hätte ich Ihnen ein paar Minuten Ruhe geschenkt. Ist doch auch was, oder?

Tag 12
Das Chipstüten-Phänomen

Auch heute beschäftige ich mich wieder einmal mit einem der vielen mysteriösen Rätsel des alltäglichen Lebens. Eines davon ist das Chipstüten-Phänomen. Damit meine ich nicht die Tatsache, dass es für mich nahezu unmöglich ist, eine angebrochene Tüte nicht gleich komplett leer zu futtern. Dies liegt übrigens nicht an mangelnder Selbstdisziplin, sondern ist ausschließlich der bösen Chips-Industrie anzukreiden, die dem Knabbergebäck jede Menge süchtig machende Chemikalien untermischt. Erschwerend kommt hinzu, dass ich als Mann evolutionsbedingt nun mal ein Jäger bin, der nur äußerst ungern eine erlegte Beute zur Hälfte zurücklässt, auf dass andere Familienmitglieder sie sich einverleiben. Wäre ja noch schöner ...

Nein, mit dem Chipstüten-Phänomen meine ich die Tatsache, dass, wenn es mir dann doch mal gelingt, die Chips nicht ganz aufzuessen, es schlichtweg unmöglich ist, die Tüte ohne Hilfsmittel wieder zu verschließen. Das ist doch früher nicht so gewesen, oder? Bis vor einigen Jahren hat man so eine Tüte doch einfach zusammenknautschen können und fertig. Mit den heutigen Verpackungen geht das nicht mehr, denn wenn man die zusammenknautscht, springen sie innerhalb weniger Sekunden wieder auf und stellen sich kerzengrade auf den Wohnzimmertisch. In 85% aller Fälle sogar mit der Öffnung dem Verbraucher zugewendet, wie meine äußerst ausgiebigen Feldstudien ergeben haben. Somit können Sie also gar nicht anders, als wieder zugreifen. Ist Ihnen das auch schon mal aufgefallen? Als ausgewiesener Chemie-Laie, (Sie können gerne alte Schulzeugnisse einsehen), vermute ich äußerst vage, dass die alten Tüten einen höheren Aluminiumanteil aufgewiesen haben, der dafür gesorgt hat, dass alles besser zusammenhält. Welche Substanz hat die Verpackungsindustrie da bitteschön alternativ untergemischt, dass die heutigen Tüten immer wieder so formschön und verführerisch aufspringen? Botox? Die Message dahinter ist ja offensichtlich: Aufessen! Und zwar sofort! Und dann ab in den Müll. Aber selbst dort gibt die doofe Tüte keine Ruhe. Nachdem ich sie also mit der Hand mühsam zu einem Knäuel geformt und schnell in den Plastikmüll gegeben habe, fängt es darin umgehend an zu rumoren und zu knacksen. Wenn ich ganz viel Pech habe, stupst die im Eimer wieder aufgequollene Chipstüte den noch feuchten

Buttermilchbecher aus dem Eimer, und schon haben wir die Sauerei.

Genau aus diesem Grund bringe ich leere Chipstüten jetzt immer in ihrer vollen Pracht persönlich zur Entsorgungszentrale, um sie dort der unbarmherzigen Sperrmüllpresse zum Fraß vorzuwerfen. Die 0,00025 Cent Gebühr, die ich nach dem Auswiegen meines Autos dafür zahlen muss, nehme ich für diese martialische Genugtuung gerne in Kauf. Hauptsache, ich habe die Tüte endgültig zum Schweigen gebracht und kann nebenbei mit dem netten Mann vom Recyclinghof noch ein kleines Schwätzchen halten. Zum Beispiel darüber, ob das unlängst ausgelobte lebenslange Umtauschrecht für IKEA-Möbel nicht massive Umsatzeinbrüche an der Sperrmüllbörse zu Folge hatte.

Oder aber, wer bitteschön dafür verantwortlich ist, dass unsere „Gelben Säcke" immer dünner werden. Steckt da eine weitere Sparmaßnahme unserer Stadt dahinter? Ich habe den Eindruck, dass aus dem Material eines einzigen gelben Sacks von vor zehn Jahren heute mindestens fünf gefertigt werden. Die nun hauchzarter und gefühlsechter sind als jedes Kondom. Nur halt nicht ganz so reißfest, wie ich immer wieder ärgerlich feststelle, wenn ich ihn zur Straßenecke bringe, und schon die Druckwelle eines langsam vorbeifahrenden Kleinwagens den labilen Sack reißen lässt, was zur Folge hat, dass Sekunden später all die anderen Snack- und Süßigkeitenverpackungen der letzten vier Wochen kerzengerade aufgerichtet auf dem Bürgersteig stehen. Meine Frau hat letzte Woche, beim Lesen dieses Textes, übrigens die interessante These aufgestellt, dass hinter dem Phänomen wiederaufspringender Lebensmittelverpackungen dieselben stecken, die fast zeitgleich diese bunten, länglichen Haushaltsverschlussklammern erfunden haben und sich daran nun eine goldene Salzstange verdienen. Ohne diese Klipps geht bei uns zu Hause nämlich kaum noch was zu. Außer mein Laptop. Und zwar jetzt.

Tag 13
Sexy Frauen in meiner Nähe.

Dieses Internet ist schon eine tolle Sache, nicht nur für die „Generation Smart", sondern auch für uns IT-Greise jenseits der 40. Und lukrativ ist es. Sie denken an Gates und Zuckerberg? Ja, mag sein, aber auch für mich einfach programmierten Kleinuser. In den vergangenen vier Wochen bin ich nämlich per Gewinnbenachrichtigungsmail schon drei Mal Millionär geworden, habe bei Dr. Suleiman Mutabe aus Fränkisch-Polynesien sieben lukrative Zinsinvestitionen getätigt und ganz nebenbei Dates mit über einem Dutzend „sexy Frauen in meiner Nähe" gehabt. Aber nicht nur das Daten wird durch das Internet einfacher, nein, mithilfe einer simplen Antwortmail konnte ich neulich in Nullkommanix der freundlichen Bitte meiner Bank nachkommen, ihr zum Abgleich meine privaten Kontozugangsdaten durchzugeben, die wahrscheinlich irgendein Bank-Azubi verschusselt hatte.

Allerdings weiß aber auch ich, dass man dem Internet nicht allzu blauäugig gegenüberstehen darf. Deswegen verfahre ich mit den meisten E-Mails genau so, wie es immer wieder in der Zeitung steht: ganz vorsichtig. Ich klicke die angehängten Zip-Dateien immer ganz in Ruhe und mit viel Bedacht an. Nicht auszudenken, was passieren könnte, wenn ich aus Unachtsamkeit irgendwo daneben klicken würde. Dass all die tollen Leistungen des Internets aber nicht kostenfrei sind, ist für mich völlig nachvollziehbar. Insofern hat es mich auch nicht gewundert, als letzte Woche der Hinweis einer karibischen Inkassofirma meinen Bildschirm geentert und mich gebeten hat, doch schleunigst 350 Euro auf ein Nummernkonto nach West-Samoa zu überweisen. Danach könnte ich meinen vorübergehend lahmgelegten Computer wieder völlig problemlos benutzen. Natürlich ist das viel Geld, aber das ist mir dieses Internet auf jeden Fall wert. Man gibt für so viel unnützes Zeugs Geld aus ...

Leider hat sich der Zustand meines Computers nach der Überweisung aber nicht wirklich verbessert. So ein Pech, da ist mir doch tatsächlich zeitgleich der Rechner kaputtgegangen. Ein unglücklicher Zufall, für den man das Internet aber nicht verantwortlich machen kann. Sachen gehen eben manchmal kaputt.

Um den heimischen Einzelhandel zu stärken und weil mir eine persönliche Beratung sehr wichtig ist, bin ich gleich am nächsten Morgen in unseren PC-Laden an der Ecke gegangen. Nachdem ich mich zum Kauf eines 900 Euro teuren Computers entschlossen hatte, wollte mir doch der übereifrige Kaufberater dann tatsächlich ungefragt noch weitere Produkte aufschwatzen, eine Art Feuerschutzwand für den PC zum Beispiel, um diesen vor bösartigen Infektionen zu schützen. So von wegen, das wäre Standard, das hätte jeder. Pah! Ihm ist es doch nur um die 38 Euro gegangen, die dieses ach so tolle Programm noch obendrauf gekostet hätte. Nein, nein, ich bin zwar schon über 40, aber ich lass mich da doch von so einem IT-Schnösel nicht übers Tablet ziehen. Ein solches Gebaren grenzt ja an Schutzgelderpressung. Geld gegen Sicherheit. Wo sind wir denn bitte? Wir leben vielleicht in einer Apple-, aber noch lange in keiner Bananenrepublik! Nicht mit mir! Und wenn dieses Programm wirklich so wichtig ist, dann finde ich es sicher auch auf den Festplatten von Kevin. Das ist der große Bruder von Laura, der besten Freundin meiner Tochter. Kevin betreibt nebenberuflich einen regen Handel mit vollen Festplatten, auf denen er in akribischer Kleinarbeit jede Menge Software sammelt, so wie andere Briefmarken. Programme, Musikstücke, ja ganze Kinofilme befinden sich darauf. Für letztere macht sich Kevin sogar die Mühe, zwei Stunden lang im Kino die Videokamera in der Hand zu halten. Beeindruckend, oder? Mir würde da glatt der Arm abfallen. Völlig verständlich, dass er für diese Anstrengung eine kleine Aufwandsentschädigung haben möchte, wenn ich seine Festplatten hin und wieder ausleihe und auf meinen Rechner überspiele. Ich muss Schluss machen, eine „Susi-Schnecke-69" hat mich eben ganz nett gebeten, ein paar Nacktfotos von mir zu medizinischen Studienzwecken der Freien Universität Muschenheim auf irgend so eine Internet-Wolke hochzuladen. Die Bilder finden Sie ab morgen unter: www.mar ... Oh, schade, leider ist mein Zeilenkontingent für heute aufgebraucht.

Tag 14
Die Sechs mit der Einunddreißig

Letztens ist es wieder passiert. Während meine favorisierte Fußballmannschaft im DFB-Pokal-Viertelfinale in einem hochdramatischen Elfmeterschießen um den Einzug ins Halbfinale kämpft und ich wie ein schweißgebadeter Irrwisch kurz vor dem Herzkasper Fingernägel kauend auf den Polstern stehe, schläft meine Frau auf dem Sofa neben mir über einer Lifestylezeitschrift den Schlaf der Gerechten. Ganz ehrlich, so ein klein wenig mehr Empathie mit dem geliebten Ehemann würde ich mir da schon manchmal wünschen. Ich für meinen Teil versuche doch auch wenigstens immer so zu tun, als würden mich die Näh- und Dekotipps besagter Zeitschrift interessieren, die sie mir wenige Minuten zuvor – während der extrem spannenden Verlängerung – ungefragt minutenlang vorgelesen hatte. Nun gut, manchmal muss man einfach akzeptieren, dass der Partner nicht immer so tickt wie man selbst, schließlich ist man ja kein Zwillingspaar. Was dem einen sein Schnittmuster, ist dem anderen seine Abseitsregel. Obwohl beides auf genormten Bestimmungen basiert und im

Grunde jedem erklärbar ist, bleibt es – jedenfalls bei meiner Frau und mir – für den jeweils anderen eine vollkommen fremde Galaxie. Noch schwieriger, als die Abseitsregel zu erklären, wäre es für mich aber, meiner Frau zu vermitteln, warum Schweinsteiger und Alonso mit den Rückennummern 31 und 3 spielen, der Reporter sie aber als „Sechser", mitunter sogar als „Doppel-Sechs" bezeichnet. Müsste Alonso mit der 3 nicht eher „halber Sechser" genannt werden? Oder erklären Sie mal Fußballlaien, warum Götze vorne als „falsche Neun" unterwegs ist und dabei die „hängende Spitze" gibt. Direkt neben Thomas Müller, der „verkappten Neun" mit der 25. Mein Vater übrigens hat früher auch Fußball gespielt, war aber nie eine hängende Spitze, dafür aber ein recht guter „Mittelläufer", so hat man früher den heutigen „Sechser" genannt, obwohl er die Nummer 5 auf dem Rücken getragen hat. Alles klar?

„Ja, damals, mein Gott, damals war Fußball ja ohnehin noch viel purer und nicht so aufgeblasen wie heute", höre ich meinen Vater in Erinnerungen schwelgen, nicht ohne mir anschließend drei bis vier blutgrätschengetränkte Ascheplatzgeschichten aus seiner Zeit bei Schwarz-Weiß Essen anzuhören. „Früher waren Fußballer noch echte Männer, deren Namen alleine Angst und Schrecken verbreiteten", fährt mein Vater fort und führt das „Ungeheuer" (Hrubesch), den „Terrier" (Vogts), die „Walz aus der Pfalz" (Briegel), „Bulle" (Roth) oder natürlich den „Bomber der Nation" (Müller) als martialische Beispiele an. „Das waren alles personifizierte Kampfansagen an die Gegner. Heute haben wir nur knuffige ‚Schweinis', niedliche ‚Poldis', pausbäckige ‚Marios' und glubschäugige ‚Özils'", ergänzt mein alter Herr, nicht ganz zu unrecht. Fakt ist, dass es dem Fußball heute einfach an kantigen Typen fehlt, die auch mal da hin gehen, wo es dem Gegner weh tut, und auch verbal mal dazwischengrätschen. Einer wie Kettenraucher Mario Basler zum Beispiel, der uns auch heute noch mit seinen schmerzfreien Statements bewusst macht, dass in Fußballerköpfen oft nicht viel mehr drin ist als Fußball und überhaupt, dass Fußball sowieso reine Männersache ist.

Erst neulich hat er uns Einblick in seine Weltanschauung gewährt, die deutlich vor allen Tellerrändern dieser Welt endet. Während des Champions-League-Endspiels der Damen twitterte er: „Die Kanzlerin ist auch da. Eines muss man ihr lassen: Sie kennt keine Schmerzen ..." Oder: „Nur mal ´ne Frage: Wie viele Spielerfrauen sind eigentlich im Stadion?" Keine Ahnung, ob sich Herr Basler für diese Offenbarung seines Kleingeistes bei den Spielerinnen des VFL Wolfsburg entschuldigt hat. Falls ja, wären elf goldene Viererabwehrketten als Entschädigung ja mal das Mindeste. Wahrscheinlich ist Basler aber nur ein grandioser Satiriker, und Satire darf ja bekanntlich alles. Nur eben nicht bei Frauen, schon gar nicht bei der eigenen. Wenn ich meiner Frau mit einem gepflegt-ironischen Schopenhauer-Zitat käme wie „Der einzige Mann, der wirklich nicht ohne Frauen leben kann, ist der Frauenarzt.", bräuchte ich es mit Modeschmuck als Entschuldigung gar nicht erst zu versuchen, da müssten schon echte Klunker her, sonst stünde ich ein paar Wochen lang familiär im passiven Abseits. Dann hätte ich zwar keine Null auf dem Rücken, aber selbige gezogen.

Tag 15
Abhalten

„Jungs machen Jungs, Männer machen Mädchen", sagt der Volksmund und hat dabei natürlich wie immer völlig recht. Ich muss das *auch* sagen, denn ich bin selbst zweifacher Mädchenpapa. Und dies wirklich gerne, auch wenn meine Träume seitdem rosa gefärbt sind und mir dort immer häufiger Hello Kitty, Prinzessin Lillifee oder andere Monster begegnen. Immerhin besser, als dort von Dinosauriern, Ninjas oder virtuellen GSG9-Kämpfern auseinandergenommen zu werden. Ich fahre die beiden Mädchen gerne einmal in der Woche zum Ballett, bekomme mittlerweile einen passablen Pferdeschwanz hin und stelle mich auch sonst jeder noch so glitzergeblümten Herausforderung. Es gibt lediglich *eine* Sache, an der ich als Mann bei meinen Töchtern in beiden Fällen stets kläglich gescheitert bin. Ich meine das „Abhalten". Im Windelalter ist es ja noch völlig egal, ob da ein kleiner Junge oder ein kleines Mädchen reinmacht. Später aber, wenn Sie mit Ihrem vierjährigen Kind in einem Park spazieren gehen und weit und breit keine Toilette in Sicht ist, können sich Väter von Jungs entspannt auf die Parkbank hocken und ihrem Sohn zurufen: „Stell dich da an den Busch und mach Pipi!" In Nullkommanix ist das Problem behoben. Wenn Sie aber Töchter haben und nicht gewillt sind, mit einem dieser sperrigen Klobrillenadapter im Gepäck durch die Gegend zu laufen, müssen Sie die junge Dame „abhalten". Tja, und dann sieht die Welt schon nicht mehr ganz so rosarot aus, sondern eher hellgelb. Jedenfalls, wenn man wie ich die Technik nicht beherrscht. Ein ums andere feuchte Mal bin ich dabei mehr als kläglich gescheitert.

Wissen Sie, es gab wirklich Momente, in denen ich fest davon überzeugt war, dass es besser gewesen wäre, meine Tochter hätte gleich direkt in die Hose gemacht, als dass ich sie abgehalten hätte. Wenigstens wäre ich dabei trocken geblieben. Als Mann bin ich es gewohnt, genau zu wissen, in welche Richtung „es" läuft. Bei meinen Töchtern hingegen ist es purer Zufall, wohin die ganze Sache schießt. Auf nichts ist Verlass. Je nach Witterung muss ich ja auch noch den Wind mit einkalkulieren. Selbst das ansonsten allmächtige YouTube hat dazu keinerlei Video-Tutorials im Angebot. Und das will schon etwas heißen, denn eigentlich gibt es dort jede Menge lehrreiches Anschauungsmaterial zu allen hochkomplexen Dingen des Alltages, zum Beispiel, wie man Eier kocht, Kartoffeln schält oder – Achtung, es wird für zwei Sekunden unappetitlich – wie man ordnungsgemäß einen Pickel ausdrückt. Kein Scherz.

Uns hat ein solches Video-Tutorial letztens sogar einen heftigen Ehekrach erspart. Als wir in diesem Sommer an der Ostsee unsere neue, sich selbst aufstellende Strandmuschel am ersten Abend wieder zusammenfalten wollten, waren wir nach fünfzig vergeblichen Minuten des Probierens und des ständigen Wiederaufspringens der blöden Zeltmuschel mit den Nerven so am Ende, dass ich kurz davor war, die widerwillige Muschel bei Windstärke 6 in Richtung Dänemark ziehen zu lassen. Meine Frau hingegen hätte lieber mich ziehen lassen. Ganz nebenbei haben wir uns mit unserem von Flüchen begleiteten Popanz rund um dieses blöde Gestänge am Strand vor allen anderen zum Vollhorst gemacht.

Am Ende hat ein zweiminütiges YouTube-Tutorial unsere Ehe gerettet, das unsere bis dato gelangweilt im Strandkorb sitzende Tochter per Handy aufgerufen hat. In fünfzehn verschiedenen Perspektiven hat es auch dem letzten Begriffsstutzigen in Superzeitlupe gezeigt, wie dieses Ungetüm richtig zusammengefaltet und eingepackt wird. In handgestoppten 11,5 Sekunden hatten dann auch wir unsere Strandmuschel geschmeidig verpackt, als hätten wir nie etwas anderes getan. Ja, windige Strandurlaube können schon ihre Tücken haben. Allerdings bringen sie auch angenehme Begleiterscheinung mit sich, denn das Abhalten der Töchter geht dort immer problemlos: „Komm, Mäuschen, der Papa geht noch mal mit dir ins Meer."

Tag 16
Fleischtunnel

Man kann vieles schießen. Wild im Wald, Blumen auf dem Jahrmarkt, den Vogel ab, Löcher in die Luft und übers Ziel hinaus. Man kann aber auch Löcher durch Ohrläppchen schießen. Nicht nur winzig kleine, nein, heutzutage lassen sich junge Menschen – ohne jegliche medizinische Indikation – tunnelgroße Löcher in ihre Ohrlappen bolzen. Jedenfalls sehen sie so aus. Anschließend klemmen sie sich in die freigeschossene Fläche mittelgroße Frisbeescheiben oder aber dicke, unschöne Plastikringe, die mich doch sehr an Befestigungen angeschimmelter Duschvorhänge in unterklassigen Hotels erinnern. Wie bei vielen anderen Modetrends erübrigt sich natürlich auch hier die Frage nach dem Warum, denn es ist schlichtweg „trendy". Sicher haben Sie auch schon solche Tellerohrringe gesehen und ringen sich – genau wie ich – innerlich ein tolerantes „Jeder, wie er will" ab. Man darf aber durchaus gespannt sein, wie die Ohrläppchen der heutigen hippen Trendsetter in zehn Jahren aussehen, wenn die „flesh tunnel" (zu Deutsch: Fleischtunnel, ja, so nennt man sie wirklich) so out sind wie die A****geweih-Tattoos seit einigen Jahren schon. Deren Besitzerinnen hoffen nun Jahr für Jahr und jeden langen Winter, dass das ehemalige Trendsetter-Symbol der unteren Mittelschicht im nächsten Frühling endlich bis zur Unkenntlichkeit verblasst ist. Meist hoffen sie vergeblich und lassen sich aus Frust darüber Rosengewächse in die Waden stechen. Die sind wenigstens erst wieder in fünf Jahren out.

Was die Tunnelohren angeht, ist es vielleicht so, dass man in Zukunft immer häufiger Menschen mit nur provisorisch wieder zugewachsenen Ohrlappen sagen hört: „Hier pfeift irgendwo der Wind durch." Okay, ich gebe zu, das alles ist satirische Zukunftsmusik. Bittere Realsatire ist allerdings, was ich in punkto Ohrlochschießen letztes Jahr in einem Butzbacher Eiskaffee aufgeschnappt habe, als ich gänzlich unfreiwilliger Zeuge eines Dialoges zweier junger Mütter wurde.

Die eine (großflächig tätowiert) klagte der anderen (mit Mehrfachpiercing) ihr Leid. Allerdings ging es nicht um kindlichen Brechdurchfall oder pubertäres Rumgezicke, nein, es ging darum, dass der heimische Juwelier doch tatsächlich dem etwa vierzehn Monate alten Töchterchen die ersten Ohrringe verweigert habe. „Die machen das hier erst ab zwei Jahren", zeterte die Mutter verständnislos, während ihr die andere Mama sogleich konstruktiv

Hilfe anbot. „In Wetzlar gibt es einen Laden, die machen das schon ab eins."

Schnell wurde mir klar: Gemeint ist nicht die Uhrzeit, sondern das Alter. Darauf die andere Mutter: „Immerhin. Eigentlich wollte ich Kimberly schon mit sechs Monaten welche schießen lassen." Nun musste ich aufpassen, mich nicht an meinem Cappuccino zu verschlucken. Hallo? Geht's noch? Während einige Fachleute das Stechen von Ohrlöchern erst ab 14 (Jahren, nicht Monaten) empfehlen und das „Schießen" sogar als Eingriff in die Unversehrtheit des Menschen einstufen, finde ich, dass man wenigstens so lange warten sollte, bis die Kinder eine eigene Meinung dazu entwickeln können. Und das ist mit sechs oder zwölf Monaten noch nicht wirklich gegeben, da sind die kleinen Würmer noch hoffnungslos den mitunter doch recht skurrilen Körperschmuckvorlieben ihrer Eltern ausgeliefert. Daher an dieser Stelle ein dickes Lob an den heimischen Juwelier, der seiner Altersgrenze treu geblieben ist und auf schnell geschossenes Geld verzichtet hat.

Noch gibt es zum Thema Ohrlöcherschießen übrigens keine klare und verbindliche juristische Regelung. Diesbezügliche Entscheidungen wurden immer wieder vertagt. „Aber muss denn in unserem Land immer alles gleich gesetzlich geregelt sein?", fragt sich da so manch ein Freigeist. Wahrscheinlich schon. Jedenfalls so lange wir Menschen moralische Grenzen nach Lust und Laune bis auf Fleischtunnelgröße ausdehnen. Wer weiß, vielleicht werden heute schon Frauenärzte gebeten, nach der pränatalen Feststellung des Geschlechts das Ohrlöcherstechen schon *vor* der Geburt zu erledigen. Immerhin, so könnte ein Argument lauten, würde man dann das Weinen oder Schreien der Kinder nicht so laut hören. Diese Vorstellung ist irgendwie zum Schießen, oder?

Tag 17
Justin and the Bricktime

„Justin and the Bricktime", trällert unsere kleine Tochter tanzend durchs Wohnzimmer, und ich genieße das Vatersein mal wieder in vollen Zügen und mit einem breitem Grinsen. Wenn die kleine siebenjährige Popprinzessin englische Musiktitel aus Radio oder Fernsehen ohne Rücksicht auf Verluste exakt so nachsingt, wie sie sie eben versteht, dann ist das Musikcomedy vom Feinsten. Und ganz hoch im Kurs steht bei ihr derzeit besagter Justin mit seiner Band *Bricktime*. Kennen Sie nicht? Ich weiß, es klingt verdammt nach einer zahnspangendominierten Teenieformation, ist aber nichts anderes als das, was unsere Tochter nach einem „Mamma Mia"-Filmabend nun in Dauerschleife durchs Haus schmettert.

„Mamma mia. Hi ei go ägä. Mei, mei, Justin and the Bricktime." Ich weiß, ich weiß, „Justin and the Bricktime" klingt nicht wirklich nach der Originalzeile „just how much i missed you". Aber eben genau diese völlige Irrelevanz macht die ganze Sache ja so amüsant. Hinzu kommt bei mir eine durchaus nostalgische Komponente, da ich selbst früher Abba-Songs mangels ausreichender Fremdsprachenkenntnisse uminterpretiert habe. Bei „The winner takes it all" habe ich immer nach „beside the victory ..." aus voller Überzeugung „that´s vergisste nie" gesungen.

Okay, dass vier schwedische Weltstars am Ende eines ihrer erfolgreichsten Refrains ins Hessische verfallen, erschien mit zwar eher unwahrscheinlich, dafür habe ich so aber den Refrain in Gänze geschmeidig mitsingen können. Dass es „that´s her destiny" heißt, habe ich erst erkannt, nachdem ich die Vokabel „destiny" über Jennifer Rushs schicksalhaften Hit aus dem Jahr ´85 kennengelernt habe.

Wenn Sie solche unfreiwilligen Songverhörer genauso amüsieren wie mich, dann schauen sie doch mal in die Suchmaschine Ihres Vertrauens. Unter „Agathe Bauer-Songs" finden Sie zahlreiche Beispiele dafür, dass man manche Textstellen bekannter Popsongs theoretisch auch ganz anderes hören könnte. Die Genrebezeichnung „Agathe Bauer-Songs" basiert zum Beispiel auf der legendären Achtziger-Dance-Nummer der Formation *Snap*, die mit „I´ve got the power" ihren ersten großen Hit hatte.

Ich halte jede Wette, dass, wenn Ihnen in Zukunft dieses Lied unter die Ohren kommt, Sie ab sofort nicht mehr „I´ve got the power" hören, sondern nur noch „Agathe Bauer". Auch „Anneliese Braun" ist einer dieser Verhörklassiker und nichts anderes als die erste Zeile des Kult-Oldies „California Dreaming" von *The Mamas and the Papas*.

Nun sollte man aber nicht den Fehler machen, das Verhören allein der fremden Sprache zuzuschreiben. Nein, auch im Kultsong „Santa Maria" des Schlagerstars Roland Kaiser kann man statt „den Schritt zu Wagen, Santa Maria", tatsächlich auch „den Schnitzelwagen Santa Maria" verstehen. Eine verschärfte Variante des Verhörens ist dann das komplette Nicht-Verstehen, womit wir auch schon bei Herbert Grönemeyer wären.

Ganz ehrlich, es gibt Grönemeyer-Textpassagen, die ich auch nach dreißigmal hören noch nicht verstanden habe. Es hat zum Beispiel Ewigkeiten gedauert, bis ich herausbekommen habe, dass bei seinem „Was soll das" der „Kamm in meiner Bürste steckt". Was das bedingungslose kindliche Mitträllern englischer Popsongs angeht, bin ich davon überzeugt, dass dies nicht der schlechteste Einstieg in den Fremdsprachenerwerb ist. Mein Englisch zum Beispiel ist sicherlich eher meiner Musikleidenschaft geschuldet als meinem Lerneifer im Schulunterricht. Learning by singing, sozusagen. Ich bin überzeugt davon, dass mit Hingabe ersungene

Vokabeln viel tiefer sitzen als über's Englischbuch mühsam antrainierte. Ich muss Schluss machen, meine kleine Tochter fragt mich gerade, was dieser Typ (Grönemeyer) da im Radio meint, wenn er singt: „Fang mich an!" Das ist zwar phonetisch überraschend gut zu verstehen, grammatikalisch jedoch Kindern schwer zu vermitteln. Ich sage ihr, dass sie das falsch versteht und dieser nuschelnde Opa zu seinem Enkelkind sagt: „Fang mich ein!" Damit ist sie zufrieden. Irgendwann später wird sie sowohl Englisch als auch Grönemeyerisch können.

Tag 18
Memory-BH

Wenn Kinder lesen gelernt haben, wird für Eltern vieles einfacher. Es birgt aber auch Gefahren. Wer glaubt, die Frequenz der kindlichen Wieso-Weshalb-Warum-Fragen könne nicht höher sein als im letzten Kindergartenjahr, sieht sich schnell getäuscht. Mit dem Erreichen der Fähigkeit, Worte lesen zu können, steigt diese noch einmal um tausend Prozent und beinhaltet nun auch Themenbereiche, die man bis dahin erfolgreich umschiffen konnte.

„Papa", fragt die kleine Wortentdeckerin, als sie in einem Discounterprospekt blättert, „Papa, was ist ein Memory-BH? Ist das ein Spiel, wie mein Memory?" Ich schnappe mir besagtes Werbeblättchen und reibe mir erstaunt die Augen. Sie hat richtig gelesen, da steht es. Eine Wäschefirma bietet tatsächlich „BH-Cupschalen mit Memory-Funktion" an. Was zum Teufel soll das denn sein?, frage ich mich und bedauere, dass die BH-Expertin des Hauses gerader außer dem selben ist und mir und unserer Tochter nicht mit weiblichem Textilfachwissen weiterhelfen kann. Und so kommt es, wie es kommen muss, meine männliche Denkmaschine setzt sich in Gang. Ein BH mit Memory-Funktion, soso ... Ist da ein MP3-Player mit Speicherkarte eingenäht? Womöglich ist es ein hypermoderner Still-BH, was in Bezug auf die Versorgung eines Babys den Begriff „Vorratstdatenspeicherung" in einem ganz anderen Licht erscheinen lassen würde. Da dieses BH-Dings in verschiedenen Farben abgebildet war, habe ich anschließend tatsächlich auch an eine Erwachsenenvariante des Kinderspielklassikers „Memory" gedacht, und dass man dazu BH-Pärchen bilden müsse. Oder bezieht sich „Memory-Funktion" darauf, dass „müde" Männer sich besser und leichter daran erinnern, wo es lang geht? Also, praktisch ein BH mit eingebautem Navi? Womöglich ist aber auch gerade eine neue Keuschheitswelle im Anflug, und dieses BH-Modell erlaubt nur bestimmten und von der Trägerin autorisierten Männerhänden den „Zugriff", andernfalls ertönt ein heftiges Warnsignal, oder es wird ein leichter Stromschlag abgegeben. Im Zeitalter elektronischer Fingerabdrücke und Fußfesseln würde einen das doch kaum verwundern. Am wahrscheinlichsten erscheint mir aber die Vermutung, dass sich dieses Kleidungsstück – ähnlich der Sitzeinstellung im Auto – den Formen seiner Trägerin automatisch anpasst und diese memoriert, also: sich merkt. Sprungartiges

Ab- oder Zunehmen, aber auch fragwürdige Schönheitsoperationen würde der „Memory-BH" natürlich sofort monieren und gegebenenfalls seinen Dienst quittieren.

„Was es nicht alles gibt", sage ich vor mich hin und überlege, ob es nicht vielleicht auch schon Männerartikel mit Memory-Funktion gibt. Herrensocken, die Mann automatisch daran erinnern, dass die Woche vorüber ist und es angebracht wäre, mal wieder ein paar frische anzuziehen. Auch bei Schuhen könnte eine Memory-Funktion gute Dienste leisten. Den Weg, den man einmal gelaufen ist, speichert der Schuh ab und kann gegebenenfalls einen durch Alkoholeinfluss leicht desorientierten Träger dann eigenständig von der Kneipe nach Hause lotsen. Nein, alles Blödsinn, maßregle ich mich, vertröste meine Tochter mit einem aufrichtigen „Keine Ahnung!" und versuche auf andere Gedanken zu kommen, was mir zum Glück auch gelingt. Erst am Abend, als meine Frau im Wohnzimmer zum Ausklang des stressigen Tages die Musical-CD „Cats" auflegt, ist plötzlich mit einem Schlag alles wieder präsent: Das ist es! Andrew Lloyd Webber hat eine Unterwäsche-Kollektion entworfen und im Zuge dessen den ersten singenden BH kreiert. „Memory, all alone in the moonlight ..." Nein, da singt nichts, versichert mir meine Frau, die sich auch keinerlei Reim darauf machen kann, was ein „Memory-BH" sein könnte. Na gut, dann frage ich halt bei einem meiner nächsten Bühnenauftritte mal das weibliche Publikum, ob jemand zufällig einen solchen BH dabei hat und bereit ist, mir so ein Ding spontan auf der Bühne zu erklären. Sollte es tatsächlich dazu kommen, werde ich es memorieren und Ihnen ausführlich davon berichten, versprochen.

Tag 19
Mutter-Kind-Turnen

Es gibt Dinge, die macht man gerne als Vater zweier Töchter. Mit der knapp Zweijährigen einmal die Woche zum „Mutter-Kind-Turnen" zu gehen, gehört definitiv nicht dazu, zumal ich dort als Vater per Namensdefinition des Kurses gar nicht sein dürfte. So viel zum Thema Gleichberechtigung. Was aber tun, wenn die etatmäßige Mutter ausgerechnet an diesem Nachmittag in der Woche beruflich verhindert ist?

Meine Frau neigt den Kopf zur Seite und schaut mich eindringlich an. „Du willst doch auch, dass unser kleiner Sonnenschein ein gesundes und fittes Mädchen wird?" Ich liebe rhetorische Fragen …

„Äh, aber ich muss schreiben, Schatz", versuche ich, das Unheil von mir abzuwenden. Keine Chance.

„Ich weiß. Aber im Gegensatz zu mir kannst du dir das einrichten", argumentiert meine Frau, und ich verfluche meinen Status als zeitlich flexibler Selbstständiger, denn wenn man sich den ganzen Tag über immer und immer wieder schnell familiär „etwas einrichten" muss, kann es passieren, dass man am Ende eines Selbstständigen-Arbeitstages exakt null zustande gebracht hat.

Sei´s drum, die Kleine soll ja ihren Spaß haben, und so freue ich mich wie Bolle, jeden Dienstagnachmittag auf neunzig Minuten inmitten von Müttern, bei denen ich mir nicht sicher bin, welche von ihnen die Rückbildungsmaßnahmen geschwänzt haben und welche womöglich schon wieder schwanger sind. Eineinhalb endlose Stunden, geprägt von Knallergesprächsthemen wie blähfreie Abstilltees, die Zubereitung von Pastinakenbreigläschen oder der Marktwert gebrauchter Muttermilchpumpen. Punkt 15 Uhr sitze ich in Anti-Rutsch-Socken Größe 46 im Eröffnungskreis der Mutter-Kind-Turnstunde, und alle singen den Bibabutzemann. Dass ich dabei nur tonlos die Lippen bewege, wird von der Übungsleiterin natürlich sofort erkannt und bemängelt. „Gell, der Papa soll ruhig auch mal mitsingen, gell?" Alte Petze, denke ich und stöhne in Gedanken ein „Ich bin ein Mann, holt mich hier raus!" gen Himmel. Vergeblich. Es folgt die allseits bekannte Mattenauslegorgie.

Bevor auch nur ein Kind auf die abstruse Idee kommt, einfach so loszuturnen, wird zunächst die komplette Halle mit 467 blauen Matten dreifach ausgepolstert. So soll verhindert werden, dass den putzigen Sonnenscheinen etwas Furchtbares zustößt, wenn sie aus fünf Zentimetern schwindelnder Höhe auf den modern gefederten

Hallenboden knallen. So züchtet man Weicheier. Früher war das anders: Sturz, Tränen, Beule, Heile-Heile-Gänschen und weiter. Heute läuft das eher so ab: fürchterlicher Crash, 18 Handys rufen zeitgleich einen Notarzt, sechs davon treffen Minuten später ein. Danach: achtfaches Schichtröntgen der Wirbelsäule im Krankenhaus und – wenn man schon mal in der Klinik ist – Auffrischen des Hochbegabtentests. Anschließend wird das Kind sechs Wochen in Watte gepackt, währenddessen die Klage gegen den Turnverein auf Schadensersatz vorbereitet wird.

Nachdem endlich alle Matten der Region in unserer Halle liegen, bleibt es wieder an „unserem starken Mann" hängen, in mühsamer Schwerstarbeit die sperrigen Kisten, Böcke und Sprungbretter des Hüpf-Roll-Plumps-Parcours auf- und anschließend auch wieder abzubauen. Anstatt mit anzupacken, textet mich währenddessen die mehrfach gepiercte Mitmutter Jenny zu, die einer dieser debilen RTL2-Dokus entsprungen sein könnte. Ja, Jenny wäre perfekt für „Pohl-Göns Tag und Nacht". Vor allem, wenn sie den Mund aufmacht. „Also escht jetzt. Isch will ja net angeben, abber mein Melvin-Jochen, der is ja schon so weit für sein Alter. Der schwätzt ja schon, als wie wo der eineinhalb war, escht sinnvolle und fehlerfreie Sätze." Ich bewundere Melvin-Jochen aufrichtig, denn es ist ein Entwicklungsstadium, das seine Mutter nie erreichen wird.

„Bis nächste Woche. Da ist Faschingsdienstag. Also bitte alle verkleidet kommen, auch die Muddis, gell?", keift die Petze im Jogginganzug am Ende durch die Halle.

„Ich will nächste Woche Lillifee sein, und du, Papa?", fragt mich meine Kleine auf dem Heimweg.

Ich zucke mit den Schultern, weiß aber jetzt schon, dass ich auch dieses Mal wieder als pummelige Spaßbremse gehen werde.

Tag 20
Urlaub buchen

In knapp einem Monat ist es wieder soweit und ein alljährliches Familiendrama nimmt seinen gewohnten Lauf. Nein, ich meine nicht Weihnachten. Das steht ja schon seit Mitte August vor der Tür beziehungsweis in Form von Spekulatiuspaletten und Lebkuchentürmen in den Läden. Ich meine etwas, um das man sich ähnlich früh ausgiebig Gedanken macht: die Planung des nächsten Sommerurlaubes. Kein Scherz, wenn Sie Ende Januar in ein Reisebüro kommen, kann es passieren, dass Sie bei beliebten Urlaubszielen schon Schwierigkeiten haben, Flüge zu bekommen. Während viele von Ihnen das Planen des nächsten Jahreshighlights sicher mit einem wohligen Gefühl voller sonniger Vorfreude verbinden, ist für mich die Phase der Entscheidungsfindung des nächsten Urlaubsziels die mit Abstand stressigste Zeit im ganzen Jahr. Im Umkehrschluss bedeutet das: Müsste ich den Urlaub nicht buchen, bräuchte ich eigentlich gar keinen. Mein grundsätzliches Problem beim Urlaubbuchen ist, dass ich es allen Beteiligten recht machen möchte. Mit „allen" meine ich nicht nur meine direkte Familie, sondern auch meine Eltern, die uns, seitdem die Kinder da sind, als kostenlose Babysitter begleiten. Oder wir sie, je nach dem, wie man das sieht, wahrscheinlich ist unser Mehrgenerationenurlaub beides. Eine wahre Herkulesaufgabe ist es jedoch, die wuseligen Bedürfnisse einer Siebenjährigen mit den gemütlichen Gewohnheiten eines Achtzigjährigen unter einen Sonnenhut zu bekommen. Dazu noch eine unberechenbare Pubertierende, zwei urlaubsüberreife Midlifer und eine Oma, die oft agiler ist, als es ihr gut tut. Heterogener geht's nicht.

Es beginnt wie immer in der Vorweihnachtszeit. Aus drei verschiedenen Reisebüros schleppe ich sechs zentnerschwere Leinentaschen voller Kataloge nach Hause und habe schon vier Wochen später eine Vorauswahl aus 34 Hotels in 27 verschiedenen Städten parat, die ich dann in einer sechsstündigen Multimedia-Präsentation den anderen Generationen vorstelle. Es folgt das übliche Fragengewitter der Urlaubsmeute.

„Warum hat das Olympos Beach keine Rutschen?", fragt die Generation Kita, während die selbstlose Frühaufsteher-Oma wissen möchte, ab wann sie morgens für uns die Liegen mit Handtüchern belegen kann.

„Nicht, dass uns da die Russen überrollen", ergänzt mein 1935 geborener Vater und meint es hoffentlich nicht mehrdeutig.

„Wenn´s da über 30 Grad is´, bleib´ ich eh auf ´m Zimmer. Das hat doch ´ne Klima, oder?", nölt es gelangweilt aus der Pubertätsecke. Ich schlage schnell im Katalog nach und nicke.

„Wo waren noch mal diese tollen Bummelmöglichkeiten direkt am Hotel?", möchte meine Frau nun wissen, die stets so packt, dass hinwärts ein halber Koffer „Shopping-Spielraum" für den Rückflug bleibt. Ich reiche ihr die eigens erstellte Excel-Liste mit allen türkischen, spanischen und griechischen Outlets in erreichbarer Nähe.

„Wie viele Meter sind es vom Hotel in Sa Coma bis zur nächsten Apotheke?", fragt nun die Ü80-Fraktion, männlich. Spätestens jetzt mache ich erste beruhigende Atemübungen.

„Mann, Papa, das steht nicht im Katalog! Soll ich rüberfliegen und nachmessen?"

„Eines ist doch klar, Junge, wenn das nicht dezidiert im Katalog steht, würde ich vorsichtig sein", mahnt mein alter Vater altväterlich.

„Im Katalog steht aber auch nicht explizit, dass es auf Mallorca Strom und fließend Warmwasser gibt", erwidere ich genervt.

„Nein?"

„NEIN!"

Meistens haben wir aber schon wenige Monate und neun Familiensitzungen später drei bis vier Hoteloptionen ausgewählt, die dann natürlich alle voll sind. Kein Wunder, Mitte Juni ...

„Hol´ doch im Reisebüro noch mal ein paar neue Kataloge, Junge. Woanders soll es doch auch ganz schön sein", meint mein Vater dann ungewollt philosophisch, während ich einen Nervenzusammenbruch erleide.

„Ja, genau, warum nicht?", keuche ich trotzig. „Hole ich halt noch die restlichen 67 Urlaubskataloge des Reisebüros." Darunter aus purer Verzweiflung dann auch die Adventureurlaub-Exemplare: „Ferienwohnungen in Burkina Faso", „Camping in Transsilvanien" und „Zelten auf der A7". Bei Tank und Rast soll es nämlich auch schön sein, Papa. Den versehentlich eingepackten Trecking-Katalog „Wandern bis Stalingrad" lasse ich dann aber doch lieber im Altpapier verschwinden.

Tag 21
Versoffener Sonntag

Wie ich am Beispiel eines schwedischen Möbelgiganten bereits geschildert habe, zählt das ziellose „Bummeln" durch Geschäfte nicht unbedingt zu meinen Lieblingsbeschäftigungen. Es ist schon merkwürdig, aber ich kann ohne Ermüdungserscheinungen zwei oder drei Stunden lang stramm durch den Wald marschieren, während ich schon nach zwanzig Minuten familiären Mall-Shoppens durchs Wetzlarer „Forum" oder das Gießener „Neustädter Tor" sowohl mental als auch körperlich völlig am Ende bin. Mein persönlicher Shopping-Supergau ist ein vorweihnachtlicher Samstag oder – noch schlimmer – ein „versoffener" Sonntag, wie meine kleine Tochter früher mal anstatt „verkaufsoffener" gesagt hat.

Wie man sich eine solche Konsumhölle voller einkaufswütiger Menschenmassen freiwillig antun kann, ist mir ein absolutes Rätsel. Einzelhandelsstärkung hin oder her, da lasse ich mir lieber 18 Paar Schuhe frei Haus schicken, die ich dann in aller Ruhe bei einer leckeren Flasche Rotwein und einer guten Portion Kaminfeuer vor dem Fernseher anprobieren kann. Okay, ich gebe zu, seitdem ich das letzte Mal besagte Flasche Merlot während der Wohnzimmeranprobe gänzlich gelehrt und dann aus Versehen 19 paar Schuhe an den Onlinehändler zurückgesendet habe, sieht meine Frau solch chillige Homeshoppingaktionen eher kritisch. Vor allem, weil ich ihr zunächst vorgeworfen hatte, meine ausgetretenen Hauspuschen in den Altkleidercontainer geworfen zu haben.

Auf der anderen Seite: Schuhe kaufen und Fernsehschauen, das gehört einfach zusammen. Das bekommt man ja sogar in den Schuhläden selbst von frühester Kindheit an antrainiert. Ich freue mich auch noch mit Mitte 40 jedes Mal, wenn ich mich bei der alljährlichen, von meiner Frau fast panikartig ausgerufenen „Wir brauchen alle dringend Herbstschuhe!"-Einkaufsaktion in den Kinderabteilungen der Schuhgeschäfte mit schmerzenden Beinen auf einen rosa Kinderhocker neben Vierjährige setzen kann, um mit ihnen dort „Pu der Bär" zu schauen. Klar wird man da von anderen Eltern manchmal etwas schief angesehen, vor allem, weil ich mit meinem dicken Erwachsenenhintern drei zarten Kinderpopöchen den Platz wegnehme, deren Besitzer dann flennend nach ihrer Mami rufen. Egal. Ab und zu muss man auch mal an seine eigene Gesundheit denken. Wer auch immer diese großartige Idee hatte, in Schuhgeschäften kleine Fernseher mit Sitzgelegenheiten davor aufzustellen, gebührt auf ewig mein aufrichtiger Dank.

Es gibt aber auch Geschäfte, in denen ich es trotz TV-Berieselung nicht länger als ein paar Minuten aushalte. Die Parfümeriekette Douglas liegt da diesbezüglich bei mir ganz weit vorne. Wie bitte schaffen Frauen es, dort so lange zu existieren, ohne umzukippen. Ich meine: „Luft" kann man das ja nicht nennen! Zum Atmen reicht es mir jedenfalls nicht, denn spätestens nach drei Minuten wird mir dort vor lauter Maiglöckchen-, Jasmin- und Rosenduft ganz blümerant und rosa vor den Augen. Da ist mir der Duft von ein paar Kinderschweißfüßen doch deutlich lieber. Nein, neben IKEA ist Douglas für mich ein absolutes Bummel-No-Go.

Wenn ich überhaupt mal bummle, dann allerhöchstens für ein paar Minuten durch den Baumarkt. Dort riecht es zwar auch manchmal etwas streng, aber eben eher „männerlich", wie meine kleine Tochter früher zu sagen pflegte. Aber auch sonst kann man die beiden Branchen – Drogerie und Baumarkt – durchaus miteinander vergleichen, denn in beiden Läden geht es ja weitestgehend um Renovierung. Also um die Instandsetzung baufällig gewordener Objekte. Was viele nicht wissen: Es gibt in beiden Geschäften identische Produkte, die einfach nur anders heißen. Der „Lebewohl-Hornhaut-Schwamm" von Douglas nennt sich bei OBI schlicht „Schleif-Ex", während „Peeling" dort als „körniger Rauputz" – auf die Menge gesehen – deutlich günstiger verkauft wird. Und wer selbst da nicht bummeln mag, für den gibt es auch einige Produktpräsentationen auf kleinen TV-Monitoren, wie zum Beispiel das Video über den „Magic-Window-Cleaner". Da hole ich mir gerne auch mal die mobile Hollywoodschaukel aus der Gartenabteilung rüber und mache es mir eine halbe Stunde lang gemütlich. Bis dahin sollte meine Frau die achtzig Dachlatten auf dem Hänger verstaut haben.

Tag 22
Zucchinikraftbrühe

Heute geht es um die Fleischeslust. Keine Sorge, ich bleibe oberhalb der Gürtellinie. Jedenfalls der menschlichen. Nein, heute soll es um den guten alten Disput zwischen Vegetariern und Nicht-Vegetariern gehen. Als aufgeklärte und politisch korrekte Menschen sagen wir natürlich alle: „Das soll jeder halten, wie er will." Und dennoch schwelen unter der omnitoleranten Oberfläche immer wieder kleinere Brandherde, die belüftet werden wollen. Wie ich gerade jetzt darauf komme? Nun, es liegt an meiner gestrigen Begegnung mit einem Mann, der ein bedrucktes T-Shirt trug. Sie wissen schon, solche Billigtextilien, auf die subtile Weisheiten aufgedruckt sind wie „Alles Schlampen außer Mutti!" oder „Wo früher meine Leber war, ist heute eine Mini-Bar!". Dahingegen mutete der Shirt-Aufdruck dieses jungen Mannes am Gießener Bahnhof schon nahezu philosophisch an: „Vegetarier ist ein altes indianisches Wort für ‚schlechter Jäger'."

Spontan schießt mir eine Szene aus meiner Kindheit durch den Kopf: Ich habe als etwa sechsjähriges Kind beobachtet, wie im Nachbardorf Hoch-Weisel vor dem Hoftor der Metzgerei Dilges eine Sau aus dem Hänger eines Bauern ausgebüchst und quiekend im Schweinsgalopp in Richtung Sportplatz geflüchtet ist, verfolgt von Lieferant und Metzger im Vollsprint. Leider hat mir meine Mutter untersagt, ebenfalls hinterher zu jagen, und ich habe nie verbindlich erfahren, ob Bauer und Metzger sich gut als Ferkeljäger angestellt haben. Insgeheim habe ich gehofft, dass das Ferkel irgendwo Unterschlupf gefunden hat und von einem netten Hoch-Weisler Jungen in meinem Alter adoptiert wurde. Falls es also heute irgendwo in Hoch-Weisel einen Mann Mitte 40 geben sollte, der in seinem Garten ein etwa 35-jähriges Seniorenschwein pflegt, bitte bei mir melden. Viel wahrscheinlicher ist es aber, dass die freiheitsliebende Sau spätestens am Sportlerheim gestellt wurde und meine Mutter sie ein paar Tage später in Form von appetitlichen Aufschnittscheiben vom Metzger zu uns nach Hause brachte, die dort von mir gedankenlos verzehrt wurden.

Ja, ich habe schon als Kind Wurst in allen Variationen geliebt. Auch das obligatorische Stückchen Wurst an der Metzgertheke habe ich mir nie entgehen lassen. Dies ist übrigens eines der wenigen Service-Relikte vergangener Jahrzehnte, die bis heute überlebt haben. Zumindest bei uns auf dem

Dorf. So sehr überlebt, dass meine große Tochter letztens von der Fleischereifachverkäuferin schief angeschaut wurde, als sie das angebotene Stückchen Fleischwurst dankend ablehnte. Draußen vor dem Laden hat sie mir dann gestanden, Fleischwurst eigentlich gar nicht zu mögen, dass es ihr aber zu peinlich sei, zu sagen: „Ich hätte dafür lieber ein gutes Stück von der italienischen Edelsalami." Wir haben uns nun darauf geeinigt, dass sie die Fleischwurst weiter brav annimmt, sie dann aber *mir* zusteckt, aus dem trotz dieser rührseligen Ferkelgeschichte definitiv kein Vegetarier geworden ist. Wie auch? Bin ich doch mit dem Werbespruch „Fleisch ist ein Stück Lebenskraft!" aufgewachsen.

Schon komisch, aber bis heute findet man auf fast allen Speisekarten dieses Landes eine „Rinderkraftbrühe". Dieser Begriff suggeriert recht eindeutig, dass man nach deren Verzehr rindviehartige Kräfte entwickelt. Ebenso gilt seit Jahrhunderten eine gute Hühnerbrühe als probates Mittel, bei einer Erkältung schnell wieder zu Kräften zu kommen. Einem Paprikasud oder einer „Zucchinikraftbrühe" spricht man diese stärkende Wirkung hingegen nicht zu. Mehr noch, letztere werden Sie weder auf einer Speisekarte noch bei Google finden. Sind Vegetarier also doch saft- und kraftlose Waschlappen?

Oder, anders gefragt: Sind Veganer doppelt beleidigt, wenn man sie als „Weicheier" bezeichnet? Wie gesagt, jeder, wie er will, aber es gibt schon ein paar durchaus merkwürdig anmutende Formen fleischloser Ernährung.

Manche Menschen sind sogar *so* mitfühlend mit anderen Geschöpfen, dass sie selbst auf den Verzehr von Gemüse verzichten, für dessen bloße Namensgebung Tiere leiden mussten. Demzufolge sind für sie Bär-Lauch, Löwen-Zahn, Wal-Nüsse und Por-Reh absolut tabu. Tja, so sind sie halt, die eingefleischten Vegetarier.

Tag 23
It-Girl

„Wer nicht fragt, bleibt dumm", hat schon die „Sesamstraße" in ihrem legendären Titelsong festgestellt, es sich damit aber etwas zu einfach gemacht, denn Fragen allein macht noch nicht klug. Es muss auch jemanden geben, der Antworten liefert. Und das ist bisweilen mühsam. Deswegen überlassen wir gestressten Eltern dies gern mal dem Fernsehen, schließlich gibt es Sendungen, die eigens dafür konzipiert wurden, wie „Löwenzahn", „Willi will's wissen" oder „Quarks & Co". Es gibt kaum ein beruhigenderes Gefühl als jenes, sein wissbegieriges Kind an einem späten Sonntagvormittag vor der „Sendung mit der Maus" sitzen zu wissen, die dem Sprössling gerade erklärt, wie eine Tütensuppe hergestellt wird. Dass das Kind aber schon längst zur Wiederholung von „DSDS" umgeschaltet hat, bekommen wir beim lautstarken Gulaschanbraten leider nicht mit.

Die erste Anlaufstelle für ein Kind zum Beantworten seiner vielen „Warum-Fragen" sollten aber natürlich stets die Eltern sein. Um zu vermeiden, dass aus jeder Antwort aber sofort wieder zehn neue Fragen resultieren, ist es wichtig, sich beim Antworten präzise und unmissverständlich auszudrücken. Vor einigen Monaten fragte mich meine kleine Tochter beim Kochen zum Beispiel, was „Pasta" sei. Ich habe wahrheitsgemäß geantwortet:

„Das sind Teigwaren", jedoch sofort gemerkt, dass diese Antwort die kleine Fragenstellerin noch nicht befriedigte:

„Warum?", hat sie folgerichtig nachgehakt.

Erst meine zweite Antwort hat über die notwendige kausale Schlüssigkeit verfügt, die meine Kleine zufriedengestellt hat; ich habe gesagt:

„Teigwaren heißen Teigwaren, weil sie vorher Teig waren." Und schon ist das Thema erledigt gewesen, und ich habe in Ruhe weiterkochen können.

Aber auch ältere Kinder können verzwickte Fragen stellen, wobei sich dabei der Erwerb der Lesekompetenz manchmal als Fluch entpuppt. Vor allem dann, wenn die Zehnjährige bei Oma und Opa die herumliegenden Boulevardblätter neugierig durchforstet.

„Papa, was genau ist ein ‚It-Girl'?"

Ich runzle die Stirn, um Zeit zu gewinnen.

„Heißt das, dass diese Frau das ‚gewisse Etwas' hat?", versucht meine Tochter, sich ihre Frage selbst zu beantworten.

Ich rutsche näher an sie heran und sehe, dass sie bei einem Artikel über Daniela Katzenberger hängengeblieben ist.

„Ein ‚It-Girl' ist eine junge Frau, die es geschafft hat, bekannt oder sogar berühmt zu werden, ohne dass irgendjemand weiß, warum. Sie hat kein besonderes Talent, keine Begabung, nichts", erläutere ich.

„Aber ‚It-Girls' sehen meistens toll aus und haben teure Klamotten an", gibt meine Tochter zu bedenken.

„Das sind keine Talente. Das eine ist Glück, das andere ist Erbe oder klug geheiratet. Und wer beides nicht hat, muss sich nur zum richtigen Zeitpunkt nackig machen, wie diese Katzenberger", erkläre ich. Anschließend benenne ich ihr noch Carmen Geiß als Beispiel für ‚reich geheiratet' und Paris Hilton als Musterexemplar einer Millionenerbin.

„Weißt du, viele Fernsehzuschauer beruhigt es, in der Glotze Menschen vorgeführt zu bekommen, die noch doofer sind als sie selbst", beende ich meinen leicht kulturpessimistischen Vortrag am Beispiel der „Katze", wie sich die heutige Möchtegernschauspielerin Katzenberger selbst nennt.

„Das arme Kind, lies mal", raunt meine Tochter und hält mir den Artikel wenig später nochmals unter die Nase. Nun bin ich aber wirklich überrascht. Das Boulevardblatt kündigt eine Reality-TV-Show an, in der Frau Katzenberger von Beginn ihrer Schwangerschaft an bis in den Kreissaal auf Schritt und Tritt verfolgt wird. „Mit Lucas im Babyglück" soll die Show heißen, und ich frage mich allen Ernstes, für wen bitte diese Show ein Glück sein soll. Für das kleine, unschuldige Baby jedenfalls nicht, das während eines exakt getimten und bestens ausgeleuchteten Kaiserschnitts drehbuchgerecht zur Welt kommen muss. Wenn ich richtig informiert bin, ist das Baby mittlerweile schon geboren. Jetzt mal ehrlich, da haben wir in Deutschland doch eigentlich ein recht gut funktionierendes Jugendschutzgesetz, und manche von uns wissen, welche zum Teil absurden Voraussetzungen potentielle Eltern erfüllen müssen, um als „geeignet" für eine Adoption eingestuft zu werden. Dagegen, dass eine Mutter ihr Neugeborenes ab dem ersten Atemzug völlig schutzlos der Öffentlichkeit einer billigen Trash-TV-Show aussetzt, ist aber offensichtlich kein deutsches Gerichtskraut gewachsen. Warum das so ist, können wohl weder Peter Lustig, Ranga Yogeshwar noch Achim Maiwald von der „Sendung mit der Maus" erklären. Klingt traurig, ist aber so.

Tag 24
Schall und Rauch

Wenn man im täglichen Sprachgebrauch von Geflügel redet, meint man in der Regel etwas Essbares, vornehmlich Huhn, Pute oder Gans. Geflügelte Worte hingegen benutzen auch Veganer ohne schlechtes Gewissen und dies schon seit vielen Jahrhunderten. Fachleute behaupten, die Wurzeln dieser sprachlichen Metaebene gehen gar auf den griechischen Dichter Homer zurück. In Deutschland hat Georg Büchmann 1864 erstmals ein Sammelsurium-Buch mit dem Namen „Geflügelte Worte. Der Zitatenschatz des deutschen Volkes" veröffentlicht. Darin findet man auch die Redewendung „Namen sind wie Schall und Rauch", derer sich schon Altmeister Goethe in seinem „Faust" bediente, wobei sich die wahre Herkunft dieses geflügelten Wortes – wie bei den meisten anderen auch – nicht genau zuordnen lässt. Wenn wir heute die Redewendung „Namen sind wie Schall und Rauch." benutzen, meinen wir, dass die reine Betitelung einer Person oder einer Sache nur einen Bruchteil dessen zum Ausdruck bringt, was sie wirklich ausmacht, und dass daher der Name an sich eher unwichtig ist. Aber „grau ist alle Theorie".

Als erfahrener Kabarettist kann ich sagen, dass die Namensfindung eines neuen Programms oft die schwierigste Kreativarbeit des ganzen Schreibprozesses ist. Meinem Kabarettkollegen Martin Zingsheim erging es offensichtlich ähnlich, schließlich hat er sein vorletztes Programm schlicht „Der Titel ist egal" genannt. Eine faszinierende Lösung des Problems, obwohl der Titel natürlich nicht egal ist. Und der Name noch viel weniger, gerade beim Elternwerden. Manche Eltern in spe machen die Namenssuche für ihren Sprössling ja zu einem mehrmonatigen, konspirativen Staatsakt. Andere hingegen propagieren umso offener nach außen, dass sie das Kind erst einmal auf die Welt kommen lassen wollen, um dann (im wahrsten Sinne des Wortes) „aus dem Bauch heraus" einen Namen festzulegen. So nach dem Motto: „Nein, Schatz, ich finde nicht, dass er wie ein Justin aussieht, eher wie ein Jürgen." Und weil man sich nicht gleich am Wochenbett streiten möchte, entstehen dann skurrile Doppelvornamen wie Kevin-Karlheinz oder Madison-Marianne.

Nein, bei uns haben die jeweiligen Namen schon im Vorfeld festgestanden, dennoch sind wir in der frühen Findungsphase des ersten Tochternamens für Anregungen durchaus offen gewesen. Unser damals sechsjähriges Patenkind hat eines Tages vorgeschlagen, unser Kind, so es ein Junge werden würde, „Amadeus" und im Falle eines Mädchens „Sabrina" zu taufen. Ich gebe zu, meine Frau und ich sind schon etwas irritiert über diese außergewöhnlichen Vorschläge gewesen, zumal die kleine Dame weder ein Klaviergenie noch ein Fan von Rapperin (und damaliger Boris-Becker-Freundin) Sabrina Setlur gewesen ist. Heute, 13 Jahre später und um eine zweite Tochter reicher, wissen wir als Eltern nur allzu gut, woher die beiden Vornamenswünsche unseres Patenkindes resultierten, denn „Amadeus" und „Sabrina" gehören seit vielen Jahren zum festen Inventar unserer Familie, ebenso deren Reiter „Bibi und Tina". Ja, unser Patenkind hat unsere Kinder tatsächlich nach den Pferden ihrer Lieblingshörspielkassetten taufen wollen. Ginge es nach den Pferdehelden unserer eigenen Jugend, müssten unsere Kinder eigentlich „Black Beauty", „Fury" oder „Illtschi" heißen. Ich persönlich kann von Glück reden, dass mein Vater mich nicht nach dem „Gallopper des Jahres 1970" benannt hat. Dann hieße ich nämlich „Alpenkönig".

Andere Eltern versehen ihre Kinder nicht mit Pferde-, sondern mit Städtenamen, um damit eine besondere Verbundenheit mit diesem Ort zu demonstrieren. Paris Hilton, Verona Feldbusch oder

Orlando Bloom sind prominente Beispiele. Warum eigentlich nicht? Daher mein Appell an alle werdenden Eltern dieser Region: Taufen Sie doch Ihr Kind nach Ihrem Heimatort. Ich freue mich schon auf die entsprechenden Zeitungsanzeigen, wenn Mörlen Meier in der Nähe von Bad Nauheim, Ulfa Becker in Nidda, Lumda Wagner nördlich von Gießen, Schröck Schulze im Ebsdorfergrund oder Münch-Leusel Müller in Alsfeld geboren wird. Nur bei Dorf-Güll als Vorname könnte es auf dem Pohlheimer Standesamt womöglich Bedenken geben.

Tag 25
Früher war alles später

Ohne ihn wäre unsere Familie komplett aufgeschmissen und hilflos. Unscheinbar, stumm, fast, als würde ihn das alles hier nichts angehen, hängt er neben unserem Kühlschrank und ist für meine Frau und mich dennoch Dreh- und Angelpunkt des trubeligen Elternalltages. Genau, die Rede ist von unserem Familienkalender. Der, in welchem mehrspaltig in verschiedenen Farben eingetragen ist, wer von uns wann und wo zu sein und was zu tun hat. Neben den Spalten „Martin", „Andrea", „Lena" und „Luise" folgt rechts daneben noch „Abfall". Wichtig ist es zu beachten, dass bei Neueinträgen in dieses komplexe Planungssystem nichts schiefgeht, sonst kann es passieren, dass wir am frühen Montagmorgen statt der blauen Papiertonne hektisch im Schlafanzug unsere große Tochter auf den Bürgersteig zerren und dem gelben Sack viel Erfolg bei der Lateinarbeit wünschen. Noch wichtiger und das eigentliche Ziel dieses Kalenders ist es natürlich, alle Termine *einzuhalten*, denn sonst bräche irgendwann das Chaos aus. Nein, uns Eltern ist eine gewisse Terminzuverlässigkeit aller

Familienmitglieder wichtig, das hat auch durchaus etwas mit Traditionen und Werten zu tun. Wohlwissend und gerade weil um uns herum, im gesellschaftlichen Leben, traditionelle Termine immer weiter verweichlichen, ausgedehnt oder missachtet werden.

An adventliches Gebäck Mitte August haben wir uns ja schon fast gewöhnt, auch daran, dass Oktoberfeste in Pohlheim im April stattfinden. Nun aber habe ich in meiner Heimatzeitung gelesen, dass ein hiesiger Karnevalsverein am 8.11. die diesjährige Faschingskampagne eröffnet. Dieses „Ereignis" liegt aber seit Jahr und Tag festgemeißelt auf dem 11.11. um exakt 11:11 Uhr. Auch finden zum Beispiel Martinsumzüge nur noch selten am eigentlichen Gedenktag statt. Okay, den Vorabend finde ich ja noch vertretbar, das praktizieren die Kirchen ja selbst mit ihren samstäglichen Gottesdienstangeboten. Sogar die heilige Christmette am 24.12. ist nichts anderes als eine Vorabendmesse. Aber Sankt Martin schon am 6., 7. oder 8.11. zu feiern, nur, weil es da besser passt oder weil man sich mit anderen Umzügen nicht doppeln will? Ich weiß nicht … Nennen Sie mich in diesem Punkt gerne konservativ oder spießig, aber ich möchte mir am 8. November noch keinen „Winterzauber im Schloss Laubach" ansehen, wo es – laut Zeitungsfoto – schlicht und ergreifend einfach nur herbstlich aussieht. Dass ausgerechnet an diesem Weihnachtszauber-Wochenende bis zu 21 Grad (plus) herrschten, ist für mich ein deutliches Zeichen dafür, dass man auch „da oben" dieses „Alles-immer-früher" durchaus kritisch sieht.

Aber so ist es nun mal, jeder will mit seinem „Event" der Erste sein. Oder, zusammengefasst: Früher war alles später. Und weniger. Heute muss man schon akribisch nach einer Terminlücke (neudeutsch heißt das „Zeitfenster") im Familienplaner suchen, um ein spontan-geplantes Kaffeetrinken bei Opa und Oma einschieben zu können oder einen Spieleabend mit Freunden. Gerade Termine, bei denen mehrere Parteien mit Kindern involviert sind, erweisen sich ab Mitte November als nahezu unmöglich, denn dann fluten wie jedes Jahr etwa 35 bis 40 Termine rund um diverse Adventsbazare, Weihnachtsfeiern und Nikolausabende unseren ächzenden Familienkalender. Wer weiß, vielleicht wird Weihnachten – um alles ein wenig zu entzerren – irgendwann doch noch mal nicht nur um einen Tag, sondern um eine ganze Woche nach vorne verlegt. Oder um zwei. Dann könnten die Geschäfte schon vor den Sommerferien mit dem Verkauf von Lebkuchen beginnen, der Nikolaus käme zum Oktoberfest (sowohl Dirndl-Tracht als auch Santa-Kostüm gäbe es ab Mai beim Discounter), und das Osterzeug würde bereits zwischen den Jahren wieder in den Geschäften stehen, punktgenau zum vorgezogen Sommerschlussverkauf.

Und irgendwann, wenn Martinsumzüge im Mai beginnen und am Aschermittwochabend die neue Karnevalssaison eröffnet wird, haben wir uns selbst eingeholt und verlieren uns im auseinandergeplatzten Raum-Zeit-Kontinuum. Frei nach „Zurück in die Zukunft". Die logische Weiterentwicklung von „Alles-immer-früher" lautet dann „Alles-ist-immer". Wir haben immer Weihnachten, durchgängig Ostern und permanent Oktoberfest. Alles ist jederzeit verfügbar. Wie beim Pay-per-View im Internet-TV oder in den Obst- und Gemüseregalen unserer Supermärkte, die jahreszeitenunabhängig stets alles aus aller Welt anbieten. Mich und meine Kolumne gibt es aber allerdings erst nächste Woche wieder und keinen Tag früher. Sie wissen ja: Ich bin fürs Termine einhalten.

Tag 26
Das Christkindel-Indiz

Dieses Weihnachten wird anders, denn jetzt ist es tatsächlich passiert. Das, was wir Eltern gemeinsam mit unserer großen Tochter versucht haben, für ihre kleine Schwester so lange es ging aufrechtzuerhalten, ist nun aufgeflogen. Der ganze Schwindel kam ans Tageslicht, als vor drei Wochen in der zweiten Grundschulklasse unserer Kleinen wilde Gerüchte kursierten, dass es den Nikolaus, den Weihnachtsmann und das Christkind in Wirklichkeit gar nicht gäbe. Insiderberichten zufolge muss unsere Tochter vor der Klasse noch voller Überzeugung versucht haben, die reale Existenz der Heiligen vehement zu verteidigen. Jedoch müssen die Reaktionen auf ihre tapfere Standhaftigkeit recht heftig gewesen sein, denn am Abend hatte sie das dringliche Bedürfnis mit ihrer Mutter in aller Ausführlichkeit darüber zu reden.

„Mama, Yannik und Julian behaupten steif und fest, es gäbe kein Christkind, und dass die Eltern die Weihnachtsgeschenke alle bei Amazon kaufen. Das stimmt doch nicht, oder, Mama? Also, jetzt mal ganz, ganz ehrlich, ja?"

Meine Frau konnte den Wahrheit einfordernden Blick unserer Tochter nicht ignorieren und spürte, dass nun wohl auch für unser zweites Kind der Moment der Wahrheit gekommen war. Schon irgendwie merkwürdig, oder? Da versucht man als Eltern, seine Kinder soweit es geht nicht anzulügen, aber ausgerechnet beim hochheiligsten Thema schlechthin, dem Geburtstag des Sohnes Gottes, haben wir unsere beiden Töchter jeweils etwa sieben Jahre lang nach Strich und Faden belogen. So von wegen: Das Christkind huscht ins verschlossene Wohnzimmer, legt die Geschenke unter den Baum und klingelt noch schnell, bevor es auf wundersame Art und Weise verschwindet. Zuvor wurden Wunschzettel geschrieben und mit etwas Süßem über Nacht auf den Balkon gelegt, um damit die Helfer des Christkindes anzulocken. Als Beweis, dass die Wichtel des Christkindes auch wirklich da waren, lag am Morgen dann stets nur noch ausgepacktes Süßigkeitenpapier auf dem Balkon. Und das alles sollte nun plötzlich nur Lug und Trug gewesen sein?

„Yannik und Julian haben recht, meine Süße.", flüsterte meine Frau, und für unsere Tochter brach sogleich eine Welt zusammen. Fast 15 Minuten dauerte ihr klagendes Weinen, Rotz und Wasser flossen in Hülle und Fülle. Zum einen, weil sie ihren kindlichen Weihnachtstraum begraben musste, zum anderen aufgrund der Erkenntnis, dass nicht das zauberhafte Christkind, sondern die schnöden Eltern bestimmten, welche der vielen bunten Begehrlichkeiten ihres Wunschzettels in Erfüllung gehen würden. Und am allerwichtigsten natürlich wegen der Frage, wie blöd sie nun in der Klasse vor den Neunmalklugen, Yannik und Julian, dastehen würde.

„Und wer bitte hat dann immer die Süßigkeiten auf den Wunschzetteln gegessen?", klammerte sie sich schluchzend an das letzte ihr verbliebene Christkindel-Indiz.

„Der Papa ...", antwortete meine Frau wahrheitsgemäß. Behutsam haben wir in den folgenden Tagen versucht, unsere Tochter aufzufangen, ihr klarzumachen, dass Jesus selbst doch das Geschenk sei und es ohne ihn kein Weihnachten, also auch keine Geschenke gäbe. Es war wirklich rührend zu beobachten, wie sie nun begann, sich nach und nach ihre eingestürzte Weihnachtswelt leicht modifiziert wieder aufzubauen. Mehr noch, wie sie versuchte, das Ganze positiv zu sehen. So schlussfolgerte sie zum Beispiel, dass – wenn das Christkind nicht das alleinige Weihnachtsgeschenkmonopol besaß – es auch ihr selbst möglich war, anderen ein Weihnachtsgeschenk zu machen. Seitdem produziert sie wie eine Besessene kleine Basteleien für den Heiligen Abend und freut sich nun nicht nur aufs Beschenktwerden, sondern auch auf das Verschenken. Die erstaunlichste Veränderung ist aber gewesen, dass sie ihren Wunschzettel noch einmal überarbeitet hat. Auf Nachfrage erläuterte sie zwei durchgestrichene Großwünsche mit den Worten:

„Mama, Papa, also, wenn ihr das selbst bezahlen müsst, dann ist das viel zu teuer."

Süß, oder? Nun, da Weihnachten unmittelbar vor der Tür steht, hat sie übrigens beschlossen, allen Unkenrufen zum Trotz weiter ein ganz klein wenig an das Christkind zu glauben. Ich wünsche ihr, dass sie sich dies bis ins Erwachsenenalter bewahrt. Kein leichtes Unterfangen in einer konsumorientierteren und dadurch immer sachlicher anmutenden Weihnachtszeit. Bevor meine heutige Kolumne aber nun zu einem „Wort zum Sonntag" mutiert, wünsche ich Ihnen allen da draußen ein frohes und noch nicht gänzlich entzaubertes, im besten Sinne also kindliches, Weihnachtsfest.

Tag 27
Gut(h)en Rutsch!

Zu Beginn meiner heutigen Kolumne möchte ich kurz an eine ihrer Vorgängerinnen anknüpfen, die den Titel „Früher war alles später" trug. Da auch in diesem Jahr Silvester überaschenderweise wieder auf den 31.12. fällt, ist heute also der letzte Tag im Jahr 2015. Heute, und ich betone, erst heute kann man guten Gewissens ein Jahr Revue passieren lassen. Aber nein, seit Ende November laufen auf allen TV-Kanälen schon Jahresrückblicke jeglicher Form und Qualität. Natürlich geht es auch hierbei lediglich darum, der erste Rückblick seiner Art zu sein, mit Talkgästen, die nicht zuvor schon in drei anderen Shows über ihr bewegendes Schicksal berichtet haben. Nein, ich persönlich gehöre zu den Menschen, die tatsächlich erst am Silvestertag Rückblicke sehen möchten, alternativ gerne auch am Neujahrsabend. Ein frommer Wunsch, denn spätestens nach dem Neujahrsskispringen ist für TV-Macher das alte Jahr nur noch Kunstschnee von gestern, zudem am Neujahrsabend ja das Traumschiff ausläuft. Also, ich meine nicht, dass es ein Loch hätte, sondern „aus dem Hafen" ...

Ich empfinde die immer früher gesendeten Jahresrückblicke stets als ein wenig respektlos dem Dezember gegenüber. Als würde dann nichts mehr passieren. Jetzt nur mal angenommen, ich wäre prominent, dann würde ich mich doch totärgern, am 19. Dezember gestorben zu sein, wo alle Rückblicke schon gelaufen sind. Oder wird man dann automatisch zur Show des nächsten Jahres „eingeladen"? Eher nein, denn mir ist noch nie aufgefallen, dass die „Bilder des Jahres" mit dem Dezember des Vorjahres beginnen. Da heute nun also Silvester ist, möchte ich Ihnen mein persönliches TV-Jahreshighlight nicht länger vorenthalten, auch auf die Gefahr hin, dass sie es in den 67 TV-Rückblicken der letzten Wochen schon mehrfach gesehen haben.

Ich meine das dramatische Elfmeterschießen im DFB-Pokal-Halbfinale Ende April zwischen Dortmund und dem FC Bayern, bei dem gleich zwei Bayern-Spieler hintereinander, kurz vor dem ominösen Punkt, ausrutschen und den Strafstoß versemmeln. Mir geht es hierbei nicht so sehr um sportliche Aspekte, sondern vielmehr um die Frage, warum Lahm und Alonso dort so jämmerlich zu Fall kamen. Ich verrate es Ihnen: Weil es irgendwann mal so hat kommen müssen!. Ich weiß, das klingt altklug, aber es war doch nur eine Frage der Zeit, wann sich das immer weiter um sich greifende, eklige „Auf-den-Rasen-Rotzen" der Kicker mal rächt. Sie alle kennen diese Bilder, vom Pay-TV-Sender SKY gern auch in „Superslomo" gezeigt, wenn sich Götze, Hummels und Co des Gros ihres verschnupften Naseninhalts in Richtung Rasen entledigen, während der klebrige Rest am Trikot abgewischt wird. Spätestens ab da wäre für mich ein Trikottausch am Ende des Spiels ausgeschlossen. Auffällig ist, dass man solch ein ungehobeltes Benehmen im Frauenfußball nicht antrifft. Allerdings habe ich bei Nadine Angerer und ihren Kolleginnen auch noch nie jemanden schnäuzen gesehen. Frauen lösen dieses Problem offensichtlich anders, in jedem Fall aber galanter.

Aber ich möchte hier nicht nur nörgeln, sondern auch einen Lösungsansatz präsentieren. Während in der Öffentlichkeit alle sechs Wochen die Forderung nach einem Videobeweis diskutiert wird, wäre ich in puncto Neuerungen – zumindest während der Wintermonate – für die Einführung einer Schnäuzpause, analog zur neu eingeführten Trinkpause während heißer Sommerspiele. Zusätzlich könnte man die Eckfahnen aus nasenfreundlicher Zellstoffwatte herstellen, die dann auch ohne extra Spielunterbrechung genutzt werden können und den Begriff „Rotzfahne" noch mal neu definieren würden. Sie mögen das für absurd halten, aber so wäre zumindest gewährleistet, dass sich in grippeträchtigen Zeiten im Virenepizentrum eines Fußballerstrafraums keine glitschige Pfützen bilden, in denen gestandene Fußballer zu gefallenen werden. Womöglich würden sich auch noch mehr Frauen für den Männerfußball interessieren, wenn sich die harten Tempo-Fußballer als Softis erwiesen und sich auf dem Platz kokett die Nase kleenexten. Ich hoffe, Sie sind nicht allzu verschnupft über mein heutiges, etwas unappetitliches Thema, aber wie hat schon Terrier Berti Vogts gesagt: Man muss auch mal da hingehen, wo´s weh tut. In diesem Sinne: Ihnen allen einen guten „Rutsch" ins neue Jahr!

Tag 28
Jedes Kind kann

Wenn man zum ersten Mal Eltern wird, betritt man ein Niemandsland ungeahnten Ausmaßes, da nahezu sekündlich Fragen auftauchen, mit denen man trotz bester Vorbereitung nicht gerechnet hat. Deswegen liest und blättert man sich mit einer unguten Mischung aus hilfloser Überforderung und akribischem Perfektionismus durch zigtausend unentbehrliche Eltern-Ratgeber, deren Titel alleine verunsicherte Eltern schon in Panik versetzen können: „Jedes Kind kann schlafen", ist einer dieser postnatalen Literaturschocker.

„Unser Kind ist nicht ‚jedes'", habe ich wie oft zu meiner Frau gesagt, als ich mich zum 237. Mal aus dem Babyzimmer hinausgeschlichen hatte, um postwendend wieder umzukehren, weil unsere Tochter erneut nach mir rief. „Hier steht, du musst sie jedes Mal eine Minute länger schreien lassen", dozierte meine ebenso erschöpfte Frau aus besagtem Ratgeber.

Noch viel schlimmer als Ratgeber sind aber die vielen gutgemeinten Tipps anderer Eltern. Diese ganzen „Hab´ isch escht voll selbst so erlebt"-Informationen stürzen junge Mamas und Papas dann endgültig in die erste amtliche Eltern-Sinnkrise, denn schließlich ist Perfektsein doch das Mindeste, was man dem Kind bieten möchte. Und so kann es passieren, dass ein zuvor völlig geerdetes Paar zu hypochondrischen „Sorgen-Eltern" mutiert, die ihren Kindern hypoallergene Folgemilch aus vaporisierten sowie gluten- und laktosefreien Fläschchen verabreichen.

Kommen unsere Kinder nach den ersten sterilen Wochen überfürsorglicher Einzelhaft dann endlich in Kontakt mit anderen Babys, beginnt auch schon die zermürbende Vergleichsspirale. Denn dummerweise findet sich im Säuglingsyoga oder der Rückbildungsgymnastik doch immer ein Kind, das dem eigenen – in was auch immer – weit voraus zu sein scheint. Eines der Top-Vergleichsthemen war und ist natürlich das Schwimmen, beziehungsweise: das Gewöhnen des Babys an das wässrige Element. Dies sei „gaaanz, gaaanz, wichtig", säuselte auch unsere (esoterisch-fortgebildete) Nachsorge-Hebamme.

Und so trieb ich sechs Wochen später mit fünf anderen Müttern – samt undichtem Nachwuchs – in einer übertemperierten, größeren Badewanne eines Wetzlarer Kindergartens bei 158 % Luftfeuchtigkeit und 128 Millionen Bakterien.

Eine befreundete Bademeisterin hat mir dazu einmal den Unterschied zwischen gebundenem und ungebundenem Chlor erklärt. Diese naturwissenschaftlichen Informationen ließen wiederum den Schluss zu, dass es gar kein Wasser im herkömmlichen Sinne mehr war, in dem ich mit meinen Töchtern plantschte und benebelte Lieder sang wie „Dreh' dich, kleiner Jonas, dreh' dich immerzu, rundherum und rundherum, und jetzt kommst du!" (jedes Kind kam der Reihe nach dran ...). Nein, es war eher hochkonzentriertes, uringebundenes Chlor, in dem ich da trieb. Nie war das Abduschen nach dem Baden so sinnvoll wie beim Babyschwimmen.

Im Gegensatz zu mir haben unsere Töchter diese spielerischen Badestunden allerdings immer sehr genossen und sind tatsächlich dem Wasser bis heute sehr verbunden geblieben. Beide haben sehr früh das Seepferdchen erlegt und es als Trophäe stolz auf ihren Badeanzug nähen lassen, während wir Eltern, ebenfalls stolz, einen Haken hinter das Schwimmenlernen machen konnten.

Trotzdem haben wir bereits im nächsten Ratgeber gewälzt: „Topfit für die Schule durch kreatives Lernen im Familienalltag". Auch wieder so ein ein schlechtes Gewissen machender Schinken, denn er regt dazu an, Kinder schon ganz früh in Arbeiten rund um „Haushalt, Werkstatt und Garten" einzubeziehen. Liebe junge Eltern, werden Sie also nicht nervös, wenn Ihnen in der Krabbelgruppe andere Eltern davon berichten, dass deren zweieinhalbjährige Tochter schon selbständig den Rasen mäht oder mit der Pendelhubstichsäge kreative Sägearbeiten herstellt. Es reicht völlig, wenn ihr 18 Monate alter Sohn die Spülmaschine ausräumt, die Socken korrekt sortiert oder das Tischdecken übernimmt. Natürlich nicht mit echtem Geschirr. Für drei, vier Jahre mit Plastikbesteck von Papptellern zu essen sowie die Geschirr-Hängeschränke abzumontieren und auf den Boden zu stellen, das sollte einem die perfekte Zukunft seines Kindes schon wert sein. Wissen Sie, was ich manchmal denke, wenn ich so etwas lese? Was für eine tolle Kindheit ich doch hatte. Ich durfte einfach nur Kind sein und spielen. Jetzt muss ich Schluss machen für heute, bei uns sortiere nämlich dummerweise immer noch *ich* die Socken.

Tag 29
Katzen-Comeback

Wenn ich an das Fernsehprogramm meiner Kindheit denke, fallen mir spontan Helden wie „Wicki", „Biene Maja" oder „Heidi" ein. Das erste große Fernsehhighlight mit echten Schauspielern ist für mich „Timm Thaler" gewesen, der Junge, der sein Lachen verkaufte, mit Thomas Ohrner in der Titelrolle. Mein Gott, was habe ich Schiss gehabt vor dem gruseligen Horst Frank als Baron de Lefouet und seinem skrupellosen Assistenten Anatol. Zum Glück hat es noch Brigitte Horney als liebenswerte alte Nonne gegeben. Noch heute bekomme ich Gänsehaut, wenn die düsteren Synthesizerklänge der Titelmelodie durch mein Wohnzimmer wummern.

Im Gegensatz dazu vermittelt mir die TV-Musik „Wild Cat Blues" von Fats Waller bis heute stets gute Laune, eine Klarinettenmelodie, die schon einige Jahre zuvor die Bildschirme erobert hat. Kennen Sie nicht? Kennen Sie doch! Es ist die Unterlegmusik zu den „HR-Katzen", den kleinen Wollbällchen, die während einer Sendepause des Hessischen Rundfunks tollpatschig in einem löchrigen Würfelturm herumgeturnt sind (die Jüngeren unter Ihnen lassen sich bitte an dieser Stelle von ihren Eltern den Begriff „Sendepause" erklären). Die Idee zu diesem drolligen Pausenfüllerfilm hatte Eva Demski, die nicht ahnen konnte, dass sie mit den Katzenwelpen aus einem Tierheim einen echten TV-Dauerbrenner schaffen würde, beziehungsweise, dass die putzigen Tierchen zu Maskottchen des Senders werden würden. Was viele nicht wissen: Ohne diese Katzen hätte es eine andere HR-Fernsehinstitution womöglich nie gegeben.

Nach den ersten Ausstrahlungen der Pausenkatzen meldeten sich zahlreiche Zuschauer, die ihnen ein neues Zuhause geben wollten. Daraus resultierte die Erfolgssendung „Herrchen gesucht", in der nett anzusehende, häufig aber eher bemitleidenswerte Kreaturen einer breiten Öffentlichkeit präsentiert wurden, in der Hoffnung, diesen armen Geschöpfen durch mediale Präsenz ein besseres Leben zu bescheren (heutzutage nennt man das „Casting-Show"). Ganz ehrlich, ich fand „Herrchen gesucht" immer ziemlich langweilig. Lediglich, wenn Moderatorin Babara Siehl hin und wieder von einer missmutigen Katze gekratzt oder von einem übermütigen Hund der Kategorie „Das-ist-ein-ganz-Lieber" quer durchs Studio geschleift wurde, hatte die Show ein wenig Unterhaltungspotential.

Kurz vor Weihnachten vergangenen Jahres habe ich dann von der TV-Sensation des Jahrzehnts erfahren. Nein, nicht dem Rückzug von Stefan Raab, etwas viel Besseres: Die HR-Katzen kommen zurück. Natürlich nicht die Originaltiere von 1970, die sind ja längst mausetot. Nein, die Neuverfilmung arbeitet mit unverbrauchten Katzenwelpengesichtern, wobei der HR auf seiner Homepage betont, dass bei den Dreharbeiten alle erdenklichen Tierschutzmaßnahmen beachtet wurden.

Den Darstellern stand sogar ein Extrapausenraum zur Verfügung, in dem sie sich von den Drehstrapazen ausruhen können. Ein Luxus, der die tierischen Darsteller von 1970 vor Neid erblassen lassen würde. Beim Anschauen des neuen HR-Katzentrailers bin jedoch der, der erblasst, denn man hat nicht nur die Darsteller von damals ersetzt, sondern auch die lustige und völlig zeitlose Unterlegmusik. Spätestens jetzt drängt sich die Frage auf, warum die Pausenkatzen überhaupt neu produziert werden mussten. Waren die alten schlecht, abgelaufen oder sonst wie beschädigt? Also, nicht die Tiere, die Aufnahmebänder meine ich. Die Originale auszugraben und wieder zu senden, wäre doch viel kultiger gewesen.

Ich gebe offen zu, dass ich Neuauflagen altvertrauter Kinderklassiker grundsätzlich skeptisch gegenüberstehe, vor allem, wenn die alten Sachen noch tadellos in Schuss sind und seit Jahrzehnten kleine und große Kinder begeistern. Zumal die Neuverfilmungsergebnisse oft unterirdisch sind. Wenn Sie einmal ganz schlecht draufkommen wollen, schauen Sie sich eine Folge der computeranimierten „Biene Maja" an. Da blutet das Herz aller Eltern um die 40. Für Dezember 2016 hat die Produktionsgesellschaft Constantin-Film übrigens eine neuverfilmte Kinoversion von „Timm Thaler" angedroht. Noch weiß ich nichts über die Besetzung, aber folgendes Szenario ist nicht auszuschießen: Emma Schweiger als Timm Thaler, Raab-Assistent Elton als Anatol, Lord Voldemort als Baron de Lefeut und Mutter Beimer als Schwester Agathe. So, nun ist aber Schluss, ich muss mir gleich mit meinen Töchtern im Kino die Neuverfilmung von Heidi anschauen. Ich werde ganz tapfer sein, aber wenn statt „Gitti und Erika" nun Helene Fischer und Andrea Berg das Titellied singen und Daniela Katzenberger Tante Dete spielt, kann ich für nichts garantieren.

Tag 30
Müllers Lust

„Das Wandern ist des Müllers Lust". Für viele von uns ist dieses Lied als Kind zumindest ein kleiner musikalischer Trost auf langweiligen Wanderungen gewesen. Wer von Ihnen weiß aber, woher dieses Volkslied stammt? „Schubert", werden einige von Ihnen grummeln und haben dabei jedoch nur bedingt recht. Widmen wir uns zunächst dem Text.

Dass ein Müller ein Mehl produzierender Handwerksmeister ist, wissen wir von Kindesbeinen an durch diverse Grimm-Märchen. Und so habe ich als Kind beim Singen des Liedes auch stets einen weißbemehlten Mann vor mir gesehen, der – unverständlicherweise – große Freude daran hatte, seine schweren Säcke per pedes auszuliefern. Ich habe den Text folgerichtig auch stets als dezenten Hinweis meiner Eltern verstanden, dass ich mit meinem kleinen Kinderrucksack vergleichsweise gut bedient gewesen bin.

Vor einigen Jahren habe ich aber erfahren, dass sowohl ich als auch meine Eltern völlig falsch gelegen hatten. Es geht in diesem Lied gar nicht um den Berufsstand des Müllers. Nein, es ist viel profaner.

Der Schöpfer dieser Zeilen hieß Müller, Wilhelm Müller, der das Wandern in Vers zwei und drei seines Gedichtes noch mit dem unermüdlichen Lauf des Wassers und den niemals stillstehenden Rädern vergleicht. Es stammt aus seinem 1821 erschienenen Gedichtband „Die schöne Müllerin", dem sich 1832 Franz Schubert annahm und daraus seinen bekannten Liederzyklus schuf. Das „Wanderlied" mit seiner vereinfachten Melodieführung (so wie man es heute kennt) schuf jedoch erst Carl Friedrich Zoellner im Jahre 1844.

Wenn unsere Kinder beim Wandern mal wieder bockig auf dem Holzstamm sitzen bleiben, singen *wir* als Eltern jedoch eher den Zählvers „Ein Hut, ein Stock, ein Regenschirm". Sicher sind Sie auch schon einmal Eltern begegnet, die auf diese Art und Weise ihre Kinder mühsam vorantreiben. Warum aber verweigern sich Kinder seit Generationen dem Wandern? Sogar solche, die ansonsten sportlich und gerne in Bewegung sind? Ist Wandern womöglich gar kein richtiger Sport? Mal ehrlich, wenn Sie dreißig unterschiedliche Sportarten aufzählen müssten, wäre bei Ihnen das Wandern mit dabei? Womöglich ist es doch eher ein „Geh-Hobby". Ein Artikel der Internetplattform „wanderforschung.de" hingegen vertritt ganz klar die Auffassung, dass

Wandern – vor allem wegen seiner sehr positiven Kalorienbilanz – durchaus als Sport angesehen werden sollte. Stimmt, zumindest wenn man die mit der Kalorienbilanz der Dartspieler und der Schachsportler vergleicht.

Warum aber wirkt das Wandern auf Kinder so abschreckend, so ultimativ unattraktiv? Oder kennen Sie Eltern, die ihre Kinder statt zum Fußball, Handball oder Ballett zweimal die Woche ins Wandertraining oder sonntags zur Bezirkswandermeisterschaft fahren? Aber auch ich verbinde mit dem Wandern eher durchwachsene Kindheitserinnerungen. Zum Beispiel das eine Mal, als ich mit meinen Eltern und deren Vereinsfreunden mit nach Südtirol auf die „Seiser Alm" musste. Dorthin, wo die Spastelruther Katzen (oder so ähnlich) zuhause sind. Das besonders Gemeine daran war, dass meine drei Jahre ältere Schwester schon zu Hause bleiben durfte. Die Gnade der frühen Geburt … Noch heute dokumentieren vergilbte Farbfotos, mit welcher „Begeisterung" ich den Aufstieg zur „Zallinger-Hütte" absolviert habe.

Der einzige Grund, weswegen ich mich überhaupt vorwärts bewegt habe, war, dass dort oben eine Portion Pommes oder eine Bratwurst winkte, wenn es gut lief, vielleicht sogar beides. Fakt ist: Wandern ist für Kinder deswegen so reizlos, weil es dort keine Sieger zu feiern und keine Verlierer zu schmähen gibt. Ohne die Aussicht auf leckeres Essen ist es für sie komplett reizlos. Für einen versprochenen Germknödel und eine Sprite beim Abendessen aber ertrug ich auch den Abstieg von der Hütte weitestgehend klaglos. Und das, obwohl die durch merkwürdig riechenden Jägertee (oder so ähnlich) in Fahrt gekommenen Erwachsenen nun einen Wanderklassiker nach dem anderen (mehrstimmig schief) schmetterten. „Im Frühtau zu Berge", „Auf der Schwäb'schen Eisenbahne" und natürlich das unvermeidliche „Hoch auf dem gelben Wagen". Tja, so ist das gewesen, Mitte der Siebziger. In einer Zeit, in der ein Bundesaußenminister nicht nur auf Flughäfen, sondern auch in den Hitparadencharts landen konnte.

Tag 31
Gourmet-Genießer-Gänge

Je edler das Restaurant, desto kleiner die Portionen. Diese Erkenntnis musste ich vor einigen Tagen wieder schmerzlich am eigenen – zugegebenermaßen nicht unbedingt unterernährten – Leibe erfahren, als ich mit meiner Frau zu einem postweihnachtlichen Wellnesswochenende ins Osthessische reiste. Wie schon häufiger sind wir als sogenannte „Paketis" unterwegs gewesen, also als Gäste, die online eines der verlockend klingenden und vergleichsweise günstigen Paketangebote des Hotels gebucht hatten. Günstig deswegen, weil bei Paketen immer so wahnsinnig viel inklusive ist. Um dies auch werbewirksam herauszustreichen, werden alle noch so winzigen „Inklusiv-Features" – von Wohlfühl-Badeslippern über Wohlfühl-Duschhauben bis hin zu Wohlfühl-Schuhlöffeln – in den Onlineanzeigen akribisch aufgelistet, damit sie in der Menge beeindrucken und potentielle Gäste anlocken, die sich davon blenden lassen. Leute wie uns eben.

Durchaus sinnvoll hingegen ist der ultimative Wohlfühl-Parkplatz für Ihr Auto in der Tiefgarage, einer trockengelegten ehemaligen Salzgrotte. Das Säubern Ihres Wagens, während Sie selbst oben im Spa-Bereich eine innere Reinigung erfahren, gehört aber leider noch nicht zu den zahlreichen Vorteilen eines Paketangebotes, wäre aber ein durchaus reizvolles neues „Spa-Feature": Wellness für Körper, Geist und Off-Road-Schlitten. Ein ganzheitliches „Body-and-car"-Konzept mit Erlebnisdusche für die Windschutzscheibe und einer asiatischen Ölmassage für das Getriebe. Das Ganze im Reizklima einer Salzgrotte. Warum nicht?

Immer inklusive bei solchen Kompaktangeboten ist natürlich die Verpflegung. Diese kulinarischen Events schlicht „Frühstück" und „Abendessen" zu nennen, wäre aber zu profan. Nein, der Morgenhappen wird zum „besonders reichhaltigen Vital-Frühstücksbuffet mit Gratis-Wellnesstrank", während dem Gast abends ein mehrgängiges „Wohlfühl-Dinner-Menü" oder alternativ das „Erlebnis-Schlemmer-Buffet" in Aussicht gestellt wird. Dementsprechend haben auch wir uns auf unser gebuchtes Abendmahl gefreut.

Ausgezehrt von schweißtreibenden Saunagängen und vom asketischen Wasser- und Teetrinken im Ruhebereich, fieberten wir abends mit einem Bärenhunger den in der Paketbeschreibung angepriesenen vier „Gourmet-Genießer-Gängen" entgegen, vor allem, da wir am Nachmittag ganz bewusst – ob der bevorstehenden Üppigkeit – auf Kaffee und Kuchen tapfer verzichtet hatten. Oder anders gesagt: In unseren Mägen befand sich nichts weiter als jede Menge kulinarischer Erwartungen.

Die erhoffte Völlerei begann mit einem äußerst flüchtigen „Gruß aus der Küche" beziehungsweise einer Andeutung von Salzbutter auf einigen durchsichtig-dünnen Weißbrotscheiben. „Jeder nur eine", maßregelten meine Frau und ich uns gegenseitig, denn wir wollten ja nicht den berühmten Restaurant-Fauxpas begehen und uns am leckeren Brot des ersten Ganges satt essen. Hätten wir es doch nur getan ... Es folgte eine sehr einlagenarme halbe Kelle voll Rinderkraftbrühe ehe man anschließend versuchte, uns mit einem nahezu künstlerisch gestalteten Hauptspeiseteller zu überzeugen. Aber auch dieser kam mengenmäßig so schwachbrüstig daher wie eine rumänische Bodenturnerin. Unter einer schicken, silberfarbenen Haube langweilten sich jeweils vier kleine Gnocchi neben einem Miniaturstück Wildschweinbraten an einem Hauch von blanchiertem Wurzelgemüse. Zum Nachtisch servierte man uns schließlich einen kaum auffindbaren Klecks Mousse-au-was-auch-immer auf einem durchsichtig-dünnen Himbeerspiegel, dessen verschmierte Soßenmenge bei uns Zuhause als „fertig gegessen" in die Spülmaschine gewandert wäre. Ebenso hungrig wie ratlos verließen wir nach 90 Minuten das Hotelrestaurant, um draußen ernüchternd festzustellen, dass weit und breit keine Döner-Bude oder Schnellpizzeria in Sicht war. Am späten Abend rettet uns schließlich ein „Gruß aus der Handtasche meiner Frau", worin sich zum Glück noch eine halbvolle Weihnachtsplätzchentüte vom obligatorischen Verwandtschaftsbesuch befand, die wir gierig auf unserem Hotelzimmer vertilgten. Nachdem wir am folgenden Morgen ab 7 Uhr ohne Rücksicht auf Verluste – das komplette Frühstücksbuffet leergefuttert hatten, ging es mit unserem — immer noch schmutzigen – Auto am nächsten Vormittag zum Wohlfühlen wieder nach Hause.

„Erst wenn die letzte Crème brûlée abgefackelt, die letzte Auster geschlürft, das letzte Huhn geperlt und der letzten Gänseleber das Maul gestopft ist, wird die Menschheit merken, dass man von einem Michelin-Stern nicht satt wird", schrieb ich noch am selben Abend in die Onlinebewertung des Hotels.

Tag 32
Zu nett für diese Welt

Mal Hand aufs Herz: Wer von Ihnen hat bereits nach vier Wochen seine Neujahrsvorsätze feierlich über Bord geworfen oder frustriert wieder in die Tonne getreten? Ich schon. Jedenfalls die meisten. An einem guten Vorsatz möchte ich in diesem Jahr aber unbedingt festhalten, obwohl er eigentlich gar kein guter, sondern eher ein schlechter ist. Ja, ich habe mir vorgenommen, etwas weniger nett zu sein. In vielerlei Hinsicht. Im Restaurant zum Beispiel. Selbst wenn ich das Essen unterirdisch fände, würde ich mich nie trauen, dem Kellner gegenüber meine Meinung zu äußern. Viele von Ihnen werden womöglich verständnislos die Stirn runzeln, aber sorry, ich kann das einfach nicht. Meine Antwortpalette reicht diesbezüglich lediglich von „super" über „sehr gut" und „gut" bis hin zu einem – für meine Verhältnisse – vernichtenden „okay". Ich habe mir fest vorgenommen, in Zukunft zumindest noch ein desaströses „Hmmm" in mein Bewertungs-Repertoire aufzunehmen.

Anderes Beispiel. Letztens habe ich mir als „netter Kerl" (wie unsexy das schon klingt ...) beim OVAG-

Varieté im Bad Nauheimer Dolce-Theater einmal mehr den Unmut meiner ganzen Familie zugezogen. Nach dem Showende sollte ich unsere Jacken an der Garderobe abholen, also habe ich mich brav in den riesigen, breiten Pulk einsortiert. So wie es sich ergeben hat, bin ich Millimeter für Millimeter nach vorne in Richtung Ausgabe getreten. Während ich zu Beginn das Gefühl hatte, mich etwa in der Mitte der Menge zu befinden, musste ich später feststellen, dass, als ich endlich unsere Jacken in der Hand gehalten habe, hinter mir nur noch sechs jackenlose Personen standen. Der Rest ist samt Familiengarderobe längst zu Hause gewesen.

„Wären wir auch, wenn *ich* mich angestellt hätte ...", ruft meine Frau, während ich diese Zeilen schreibe. Mag sein, aber, tut mir leid, ich lasse mich auf dieses eklige Gedrängel, dieses Schieben und Stechen, nicht ein, nur um drei Minuten früher unsere Jacken zu haben.

„Nicht drei. *Fünfzehn!*", verbessert mich meine Frau. Also gut, auch da werde ich nun andere Saiten aufziehen. Ich werde in Zukunft nicht mehr treudoof warten, bis mich das Schicksal irgendwann nach vorne an den Tresen spült, und mich wundern, warum die umtriebige Garderobenfrau mich komplett ignoriert. Viel zu oft habe ich die

Erfahrung gemacht, dass die Netten ignoriert werden und die Stillen sang- und klanglos untergehen. Ihre Jacken bekommen nämlich die zuerst, die von der Seite fortwährend reindrücken, sich von hinten durch schmalste Lücken quetschen, dabei am lautesten kreischen oder der Garderobenfrau schon aus der dritten Reihe auffordernd ihr Märkchen zuwerfen. Aber nun wird ja alles anders, ja, beim nächsten Theaterbesuch in der Region werden Sie einen anderen Martin Guth erleben, nicht so ein zuvorkommendes und konfliktscheues Weichei wie bisher, nein, da werde ich ... die Jacken mit ins Theater nehmen, so viel steht fest.

Auch auf einem anderen Alltagsschlachtfeld möchte ich mich verbessern: im Schwimmbad. Dort gehöre ich nämlich seit jeher zu denen, die lieber einen mühsamen Zickzackkurs schwimmen oder sich – dauerhaft entschuldigend – am Beckenrand entlang hangeln, um nur ja niemandem in die Quere zu kommen. Dabei beobachte ich mit einer Mischung aus Bewunderung und Kopfschütteln die Hardcore-Bahnenzieher, die lieber sterben würden, als ihre kerzengerade Marschroute aufzugeben, egal wie voll das Becken ist. Schwimmer, die körpersprachlich, mitunter aber auch verbal, signalisieren, dass sie die betreffende Bahn schon seit Urzeiten bekraulen und sich folglich ein Gewohnheitsrecht erschwommen haben. Da hilft auch kein Reden, denn diese Schwimmmachos sind ohnehin meist unter der Wasserkante unterwegs. Zudem verbarrikadieren sie sich hinter ihren Angeber-Hightechbrillen, die ihre Augen nicht nur vor Chlor, sondern auch vor dem jämmerlichen Anblick profaner Hobbyschwimmer schützen. Nun aber ist mit dem Ausweichen Schluss, ich möchte endlich Rückgrat zeigen und zur Not auf Konfrontationskurs gehen. Da ich mir über Weihnachten genügend Puffer-Speck angefuttert habe und plane, im Falle eines Falles auf meinen Fahrradhelm zurückzugreifen, kann eigentlich nicht viel passieren. Wer mich jetzt von meiner Bahn abbringen will, muss mir schon die Badehose klauen. Ich bin viel zu lange zu nett gewesen für diese Welt.

Tag 33
Wetterfarbe

„Papa, was ist das eigentlich, ‚Wetterfarbe'?", fragt meine siebenjährige Tochter heute Morgen beim Zähneputzen im Bad, während aus dem spritzwassergeschützen Radio HR3 dudelt. Ich bin stolz auf meine Kleine, da sie zeigt, dass man selbst Zweitklässler nicht so einfach für doof verkaufen kann. Ich höre ja wirklich gerne Musik, aber mit dem Morgenradio habe ich – wie heißt es so schön – „keinen Vertrag geschlossen". Wenn es nach mir ginge, liefe im Bad ein anderer Sender oder am besten gar nichts. Meine Frau und meine kleine Tochter jedoch berufen sich auf eine demokratische Mehrheitsentscheidung. Womöglich bin ich ja ein exotischer Ausnahmefall, aber für mich gibt es nichts Nervigeres, als um fünf nach sechs von einem hypergutgelaunten Morning-Moderator bequasselt zu werden, umrahmt von einer nochmals verknappten (der ohnehin schon varianzarmen) Musikauswahl. Aktuell scheinen die Radiomacher jedenfalls keine halbe Stunde Morgenprogramm ohne Lost Frequencies, Ed Sheeran, Robin Schulz und Felix Jaehn gestalten zu können. Aber es kommt noch schlimmer: In den letzen Jahren versuchen die Sender, sich im Kampf um die wichtigen Marktanteile durch absurde Neuerungen von der jeweiligen Konkurrenz abzuheben. Diese Konkurrenz ist erstmals 1989 in Erscheinung getreten, als ein privater Radiosender aus Bad Vilbel die hessische Medienlandschaft revolutioniert und Hessen kurzerhand in „FFH-Land" umgetauft hat. Seitdem liefern sich die heimischen Anstalten ein Kopf-an-Kopf-Rennen im Erfinden neuer Radioevents.

Es hat damit begonnen, dass man plötzlich unter das Verlesen der Verkehrsnachrichten hyperaktive Instrumentalmusik gelegt hat. Später hat man Hörer dadurch an die Welle zu binden versucht, indem man sie im großen Stil dazu aufgewiegelt hat, verkehrserzieherische Maßnahmen der Polizei zu boykottieren, beziehungsweise: zu verpetzen („Blitzer-Hotline"). Warum dies erlaubt ist, entsprechende technische Hilfsmittel an Navigationsgeräten oder Handys jedoch nicht, muss mir auch mal jemand schlüssig erklären. Vor etwa zehn Jahren hat man plötzlich damit begonnen, seine Hörer jeden Morgen mit semi-hobby-meteorologischen Daten sogenannter „Wetterpiloten" zu traktieren. Ganz ehrlich, mich interessiert es den berühmten feuchten Kehricht, wie viel Grad vor einer Stunde die Rentner-Wetterstation von Hubert Schnackselmann aus Niederdusslingen im Untertaunus anzeigt hat. Offenbar gibt es aber Menschen, die das interessiert, mehr noch, die selbst dreimal am Tag im Sender anrufen, um dort aufs Band zu sprechen, dass es bei ihnen gerade bewölkt ist. Eine neuere „Errungenschaft" der Radioszene ist die „gefühlte Temperatur", ein selten dämlicher Ableger der Lifestylediskussion über das „gefühlte Alter". Sie wissen schon, „die 50-Jährigen sind die neuen 40-Jährigen" und so weiter. Auf das Wetter übertragen, bedeutet dies wahrscheinlich, dass Wasser heutzutage schon bei gefühlten 10 Grad plus zu Eis gefriert.

Relativ neu ist auch das Breittreten der Verkehrsmeldungen. Es genügt nicht mehr, zu sagen: „Auf der A3 zwischen Offenbach und Frankfurt: zehn Kilometer Stau." Nein, heutzutage erfahren wir, dass da ein polnischer LKW – mit einem gebürtigen Slowenen am Steuer – aufgrund akuter Übermüdung (private Probleme) in die Leitplanke „gebrettert" ist (Originalwortwahl HR3), dessen Ladung – mehrere Paletten Steinwolle – nun von der Feuerwehr entsorgt werden muss. Es folgt ein O-Ton-Interview mit dem Einsatzleiter, der die Worte des Radiosprechers noch einmal exakt wiederholt und mit der Information endet, dass die Bergung vermutlich noch etwa zwei

Stunden dauern wird. „Wie lange ist das in ‚gefühlt', und wie viel Grad herrschen gerade am Unfallort?", rufe ich genervt in Richtung Autoradio.

Der allerneueste Spleen ist nun – neben der sinnfreien „Stauampel" – die „Wetterfarbe" und überbietet alles bisher Genannte an Überflüssigkeit um Längen. Sind wenige Wolken am Himmel zu erwarten, ist diese Farbe – welch Überraschung – blau. Ist es trüb und nebelig, ist sie – Sie dürfen ruhig mitraten –, ja, richtig, grau. Mal im Ernst: Das ist das intellektuelle Niveau einer Krabbelgruppe. Den Mehrwert dieser dämlichen Neuerung seiner Tochter auch nur halbwegs plausibel zu erklären, ist eine echte Herausforderung. Da aber weder sie noch meine Frau morgens auf einen anderen Sender wechseln wollen, werde ich mich vermutlich noch gefühlte Jahre über jede noch so dusslige Innovation wetterfarbmäßig schwarzärgern. Demokratie kann manchmal ziemlich ätzend sein.

Tag 34
Das Alter der Frauen

Womöglich kennen Sie die Situation: Sie lernen in einer geselligen Runde bei Freunden oder in einem Café einen Ihnen bislang unbekannten Menschen kennen und kommen locker ins Gespräch. So weit, so unbedrohlich. Während man sich unverbindlich über Privates oder den Beruf austauscht, nähert man sich aber irgendwann unaufhaltsam dem Punkt, an dem auch das jeweilige Alter zum Thema wird. Diesbezüglich unterscheiden sich Männer und Frauen eklatant. Frauen neigen nämlich dazu, ihrem männlichen Gegenüber nicht einfach so ihr Alter zu verraten. Nein, sie nutzen diese Gelegenheit, um uns Männer aufs Glatteis zu führen. Es ist diese eine Frage, die eben nur Frauen so raffiniert stellen können, häufig gewürzt mit einer guten Portion Koketterie und einem verschmitzt-neugierigen Grinsen: „Jetzt sag' doch mal: Wie alt würdest du mich denn schätzen?"

Obacht, liebe Männer! Tappen Sie nicht in diese hinterhältige Falle, denn eines ist klar: Wenn man Frauen nicht mindestens fünf Jahre jünger schätzt, als sie in Wirklichkeit sind, reagieren sie subtil gekränkt oder gar offen beleidigt. Nicht auszudenken, sollten Sie das Alter zu hoch angesetzt haben. Ein unverzeihlicher Fauxpas! Wie sagt man so schön? „Aus dieser Nummer kommen Sie nicht mehr raus." Selbst ein von Ihnen nett gemeintes „Ach, so jung? Schade eigentlich, ich steh' auf ältere Frauen", richtet dann nur noch mehr Schaden an, als es hilft. Also, merken Sie sich: Immer mindestens fünf Jahre unter dem aktuellen Marktwert schätzen! Aber aufpassen, dies gilt natürlich nicht für die 17-jährige Tochter ihres Chefs, bei dem Sie eingeladen sind, denn die würden Sie damit nur in eine spätpubertäre Identitätskrise stürzen. Besonders knifflig ist das Schätzen des Frauenalters, wenn die Dame gegenüber – je nach Lichtsituation und Alkoholstand – sowohl 32 als auch gut und gerne 49 sein könnte und dazu noch, als offene Kampfansage an das fortschreitende Alter, die deutlich zu engen und in jeder Hinsicht deplatzierten hippen Klamotten ihrer Tochter aufträgt. Was tun? Wenn Sie diese Frau – gemäß meiner Regel – auf wohlwollende 28 schätzen, sie sich aber als 42-jährig entpuppt, fragt sie sich nicht ganz zu Unrecht, wohin Sie die letzten zwei Stunden eigentlich geschaut haben. Ist sie aber 36 und wird von Ihnen auf 44 geschätzt, können sie den Rest des Abends anderweitig verplanen. Oft bleibt nur die bittere Erkenntnis, dass, wie „Mann" es auch macht, es falsch ist.

Um Abhilfe zu schaffen, halte ich es deswegen für unumgänglich, durch andere Hinweise – jenseits der oft täuschenden Optik – zumindest grob die Altersklasse der gegenübersitzenden Frau einschätzen zu können. Dazu müssen wir Männer allerdings von Beginn des Gespräches an aufmerksam zuhören und ein gewisses kommunikatives Geschick an den Tag legen. Ich weiß, das sind beides Dinge, die nicht unbedingt zu unseren Kernkompetenzen zählen. Aber: Wenn eine Frau die älteren und unbekannteren Songs von *Genesis* oder *Fleetwood Mac* schätzt und weiß, dass Anke Engelke als Teenie das „Ferienprogramm für Kinder" im ZDF moderiert hat, kann sie definitiv keine Anfang 30 sein. Auch zunächst belanglose oder unscheinbare Randbemerkungen können Altersindizien liefern.

„Ich weiß noch genau, in der Nacht, als die Mauer fiel, da herrschte ja Ausnahmezustand. Ich musste am nächsten Morgen nicht einmal in den Kindergarten", schildert ihre Bekanntschaft lebhaft, woraufhin Sie zielsicher schlussfolgern können: „Ah, du bist ein Kind der späten Achtziger!" (Allerding dürfen Sie auch hier nicht vergessen, einen charmanten Verjüngungspuffer einzubauen, Mauerfall '89 hin oder her.)

Okay, wenn sich die Dame als KITA-Erzieherin mit 35 Jahren Berufserfahrung entpuppt, ist das natürlich Pech. Sie merken, überall lauern Fallstricke. Ich persönlich bin mit meinen fünf bis sechs Jahren Verjüngungspuffer in den letzten Jahren ganz gut gefahren, weil meine Schätzungen die richtige Mischung aus Aufmerksamkeit und Charme unter Beweis stellen. Zu sicher darf man sich aber nie sein, letztens ist das Schätzen auch bei mir mal wieder richtig in die Hose gegangen. Das war im Sommer. Beim Abiturjahrgangstreffen.

Tag 35
Fön-App

Ich will ganz ehrlich sein: Wenn man wie ich mit drei schulpflichtigen Frauen unter einem Dach lebt, die nacheinander zwischen 6.50 Uhr und 7.55 Uhr das Haus verlassen (zwei davon mit von mir ab 6.15 Uhr belegten Schulbroten), schätzt man die Hotelübernachtungen auf einer kleinen Kabarett- oder Lesetour umso mehr. Sich gegen 9 Uhr gemütlich in den großzügigen Hotelfrühstückraum zu begeben, an dem alles erdenklich Leckere einfach so bereit steht, ja, das ist Luxus pur. Da stören mich auch die vier Stunden Fahrt zum nächsten Spielort nicht, denn dort kann ich ja gegen 14 Uhr schon das nächste Zimmer beziehen. Dort schaue ich mir dann bei einer schönen Tasse löslichen Kaffees aus meinem vollausgestatteten Allzweck-Tourkoffer eine tiefenentspannte Tierdoku an.

Ärgerlich ist es natürlich, wenn der vielgepriesene Tourkoffer hin und wieder Mängel aufweist, sprich, das Reiseduschgel leer, das Ladekabel des Rasierers einmal mehr im letzten Hotel liegen geblieben oder der Billig-Wasserkocher am Vortrag mit einer veritablen Stichflamme abgeraucht ist. Dass die kleine

Tochter zu Hause unbemerkt den kleinen Notfallfön aus dem Koffer stibitzt hat, um damit Helene Fischer zu spielen, fällt da kaum ins Gewicht, denn heutzutage gibt es in jedem Hotelzimmer einen Fön.

Das denke ich zumindest, als ich das heiße Nass eines Mittelklassehotels irgendwo zwischen Leipzig und Halle über mich laufen lasse. Zehn brühwarme Minuten später steige ich dampfend aus der Dusche. Der dichte Nebel steht in meinem Hotelbadezimmer wie zu Beton geschlagener Eischnee. Ich habe nicht den Nebelhauch einer Chance, meine Brille oder zumindest mein Handtuch zu finden. Vorsichtig beginne ich, nach dem Fön zu tasten, denn der könnte den Nebel schnell vertreiben. Meine Suche bleibt ohne Erfolg, so dass ich die ertastete Badezimmertür aufreiße. Als sich der Nebel lichtet, finde ich meine Brille und mache mich zielgerichtet auf die Suche nach dem Fön, um mir damit fix meine klitschnassen Haare zu trocken. Plötzlich entdecke ich unter der Spiegelablage ein Schild mit folgender Aufschrift: „Werte Gäste, gerne können Sie sich an der Rezeption kostenlos einen Fön ausleihen." Nee, oder? Das ist jetzt nicht wahr. In fünfzehn Minuten muss ich im benachbarten Tagungszentrum zum Soundcheck erscheinen und stehe da, wie der viel zitierte begossene Pudel. Unfassbar, in jeder noch so billigen Herbergskaschemme gibt es heutzutage wenigstens einen kleinen, vergilbten, alten Fön, der zumindest einen verstaubten Hauch warmer Luft von sich stößt. Und jetzt? Die Rezeption liegt vier Stockwerke unter mir. Okay, denke ich, ihr habt es ja nicht anders gewollt. Trotzig schlage ich mich in mein Handtuch ein und mache mich via Treppenhaus auf den Weg nach unten. Aufzug zu fahren, erscheint mir tropfendem Etwas wegen der dort verbauten Elektronik als zu gefährlich. Drei Minuten und etliche irritierte Blicke später bin ich wieder zurück in meinem Hotelzimmer, beginne aber nicht gleich mit dem Föhnen, denn es hat sich kurzfristig noch ein dringenderes, größeres „Geschäft" angekündigt, das ich zügig verrichte und anschließend bereinigen möchte. Beim gewohnten Griff zur Klopapierrolle entdecke ich das kleine Schild: „Werte Gäste, gerne können Sie sich an der Rezeption ..."

Aus Jugendschutzgründen muss ich meine Schilderung an dieser unappetitlichen Stelle leider abbrechen. Mein Gott, da besitzt mein Handy eine Navigations-, eine Liedererkennungs-, eine Benzintiefpreis- und eine Taschenlampen- sowie eine Spiegel-App, da kann es doch nicht so schwer sein, irgendwann auch mal eine Fön-App zu erfinden.

Immerhin produzieren diese Handys mit all ihren überflüssigen Funktionen doch ohnehin weitestgehend nur heiße Luft, die müsste man nur gezielt irgendwo raus lassen, am besten über die Mini-USB-Buchse. Das müsste technisch doch irgendwie zu lösen sein. Ich bin sicher, spätestens in zehn Jahren befindet sich in meinem Tourkoffer nichts weiter als ein kleiner mobiler 3D-Drucker, mit dem ich mir alles erdenklich Notwendige – allem voran auch mein Klopapier – bei einem Internetanbieter herunterladen und fix im Hotelzimmer ausdrucken kann. Ich vermute mal, der Branchenprimus wird diesen Dienst dann nicht „Amazon Prime", sondern „Amazon Pipa-Po" nennen.

Tag 36
Sensibelchen

„Halten Sie sich für sensibel?", fragt mich einer dieser Online-Persönlichkeitstests. Überflüssige Frage, wer würde dies wohl mit Nein beantworten, verbindet man „Sensibilität" doch mit Zugewandtheit und Empathievermögen. Das positive Image von „sensibel" ist aber fragil, denn bereits bei der Erweiterung „hochsensibel" schwingen negative Assoziationen mit, und die verniedlichende Variante „Sensibelchen" kommt einem Image-Supergau gleich, weil es für Hadern, Unentschlossenheit, Unbelastbarkeit und schnelles Beleidigtsein steht. Alles Dinge, die weder Frau noch Mann im Persönlichkeitsportfolio gebrauchen kann.

Während diese innere Sensibilität eines Menschen völlig individuell und auch nicht messbar ist, sieht es bei der haptischen Sensibilität etwas anders aus. Was das Riechen, Schmecken oder Tasten angeht, kann man relativ leicht nachweisen, dass manche Menschen an bestimmten Stellen ihres Körpers mit mehr haptischen Sensoren ausgestattet sind als andere. Was meine Frau zum Beispiel mit ihren Haaren fühlt, ist schlichtweg außergewöhnlich. Als sie letztens aus einem Hotelbadezimmer trat, ist es wieder einmal soweit gewesen, und es hat sich folgender Dialog entsponnen:

„Martin, ist dir das auch aufgefallen?"

„Was, Schatz?"

„Na, das Wasser ..."

„Und?"

„Das ist anderes als bei uns zu Hause."

„Schatz, du brauchst nicht aus der Dusche trinken, wir haben Mineralwasser dabei", entgegne ich grinsend.

„Nein, so meine ich das nicht. Es fühlt sich anders an ..."

Interessiert ziehe ich die Augenbrauen hoch.

„Aha. Anders ... Du meinst, es ist ... nasser als bei uns?", frage ich vorsichtig.

„Nein. Anders halt. Schau mal, meine Haare, wie ich aussehe ..." Ich wende meinen Blick vom TV-Bildschirm ab, obwohl Severin Freund gerade zu seinem zweiten Sprung anfährt. Ich mustere die Haare meiner Frau, stelle aber fest, dass sie weder lila gefärbt noch aufgrund eines überhöhten Wasserstoffperoxidwertes im osthessischen Grundwasser spontan erblondet sind.

„Ich will dich ja nicht desillusionieren, Schatz, aber du siehst aus wie immer", sage ich.

„Sehr witzig. Aber weißt du, wie lange ich dafür gebraucht habe?" Meine Frau und ich sind viele Jahre verheiratet, mittlerweile habe ich akzeptiert, dass unsere Bestzeiten fürs Duschen und Haarewaschen um etwa 45 Minuten differieren. Es liegt vermutlich an den verwendeten Zutaten, ich: Duschgel-all-in-one, sie: Shampoo, Conditioner, Spülung, Pflegeöl und so weiter.

„Noch länger als sonst?", frage ich zugegebenermaßen ein wenig provozierend.

„Blödmann. Fühl doch mal …" Meine Frau kommt auf mich zu und wirft mir ihre Mähne ins Gesicht, so dass ich nicht mitbekomme, wie viele Meter Severin Freund gesprungen ist.

„Ja, und?", stöhne ich nun doch schon etwas genervt.

„Das Wasser ist hier viel härter, meine Haare sind total störrisch und spröde. Das sind hier mindestens 10 bis 12 Grad Deutsche Härte."

„Bitte was?", blicke ich erstaunt zu ihr hoch. „Meinst du nicht, gerade *du* als Geschichtslehrerin solltest mit dem Begriff ‚Deutsche Härte' vorsichtig sein?"

„Boa, du solltest Komiker werden", kontert meine Frau schnippisch, „nein, das ist die Maßeinheit des PH-Wertes."

„Aha", entweicht es mir in bester Loriot-Manier.

„Und wenn du jetzt sagst, dass du dich nicht für PH-Werte, sondern nur für BH-Werte interessierst, kannst du heute alleine abendessen", pflaumt sie mich an.

„Guter Gag. Den muss ich mir gleich notieren", grinse ich, und meine Frau greift zielsicher nach ihrer Handtasche.

„Jetzt reagier' doch nicht gleich so über", versuche ich, sie zu beruhigen, „es zählt doch nur, dass deine Haare toll aussehen. Wie sie sich anfühlen, das sollte ohnehin nur für mich relevant sein. Und solange du von hartem Wasser keinen kreisrunden Haarausfall bekommst wie Katrin, ist doch alles okay."

Die Hotelzimmertür fällt von außen ins Schloss. Umgehend – also, nachdem die letzten sechs Skispringer ins Tal gesegelt sind und die Siegerehrung vollzogen wurde – hechte ich meiner Frau ins Hotelrestaurant hinterher. Am Ende eines bis in die Haarspitzen schweigsamen Abendessens wirft mir meine Frau schließlich mangelnde Sensibilität vor. Um den Abend noch halbwegs zu retten, gebe ich reumütig zu, dass ich mir eventuell die Siegerehrung hätte sparen können. Bleibt die Erkenntnis, dass ich meiner Frau zwar beim Abendessen das Wasser reichen kann, was die Sensibilitätsfähigkeiten unserer Haare angeht, jedoch nicht. Weder hartes noch weiches.

Tag 37
Verbalakrobatik

Wie Sie sicher wissen, bin ich seit Jahren als Kabarettist unterwegs und dabei schon das eine oder andere Mal in Presseartikeln oder Anmoderationen als „Wortakrobat" bezeichnet worden. Ich freue mich stets über diese schmeichelnde Betitelung, vor allem, weil mir die echte, körperliche Akrobatik so gänzlich fremd ist. So hat es mich zum Beispiel nie gereizt, mit Bällen zu jonglieren, Teller auf einem Stab tanzen zu lassen, mich mit Gleichgesinnten aufzustaplen oder über Seile zu balancieren. Ein Besuch des großartigen OVAG-Neujahrvarietés hat mir dies erst letztens wieder eindrucksvoll vor Augen geführt. Nein, körperlich akrobatisch werde ich ausschließlich unfreiwillig.

Wie letzte Woche, als ich während des Fahrens auf der Autobahn versucht habe, mir eine klitzekleine Textnotiz in mein Handy zu sprechen, das mir dabei aus der Hand gerutscht und zwischen Kupplung und Gaspedal gelandet ist. Ich weiß, das war nicht besonders besonnen von mir, aber es wäre doch zu schade gewesen wenn sich das, was da gerade wortakrobatisch durch meinen Kopf geturnt ist, urplötzlich auf Nimmer-Wieder-Denken wieder in die unendlichen

Weiten meiner Hirnwindungen verzogen hätte. So aber kann ich Ihnen besagten Satz nun präsentieren. Er lautet: „Ein Swingerclub ist kein Streichelzoo." Obwohl ich bisher nur eines dieser beiden Etablissements persönlich kennengelernt habe (sie dürfen gerne mutmaßen, welches), birgt dieser Satz für mich dennoch eine gewisse Portion spekulativer und unterhaltsamer Spannung. Und genau das ist es doch, was ein echter Akrobat auf die Bühne zaubern möchte: Unterhaltung, gepaart mit Spannung.

Gänzlich unfreiwillige Wortakrobatik präsentieren in steter Regelmäßigkeit zum Beispiel unsere Fußballprofis, denen man aber entschuldigend zu Gute halten muss, dass sie von Kindesbeinen an den ganzen Tag nichts anderes machen, als einem Ball hinterherzujagen, sei es auf dem Platz oder an der Playstation. Da kann es schon einmal passieren, dass unmittelbar nach einem aufregenden Spiel irgendwelche Dinge „hochsterilisiert" werden oder man erst kein Glück gehabt hat und später auch noch Pech dazugekommen sei.

Diese mitunter bemitleidenswerten Fußballer-Statements sind aber kein Phänomen der mediengeprägten, hektischen Neuzeit. Nein, schon Kaiserslauterns Kicker-Legende Fritz Walter hat einmal über die Verletzung eines Teamkollegen gesagt: „Man hat ihm sofort eine Invasion gelegt.", während unser WM-Elfmeter-Held von 1990, Andi Brehme, von brasilianischen Fußballern behauptet hat, sie seien „alle technisch serviert".

Ich möchte hier aber nicht über die Maßen auf irgendwelche Randgruppen einprügeln, immerhin ist sicher jedem von uns schon einmal eine Redewendung in die Hose gelaufen, oder? Jeder Blumenverkäufer hat schon mal einen Kunden gehabt, der eine Koryphäe anstatt einer Konifere bestellt hat. „Mein Arzt hat mir einen guten Allgemeinzustand konsterniert", habe ich erst letztens irgendwo einen Rentnerdialog aufgeschnappt und bin ganz knapp davor gewesen, mich in den Dialog einzuklinken: „Schön, dass Ihnen der Arzt da reinen Tisch eingeschenkt hat. Man stelle sich nur vor, er hätte drüsisches Fieberpfeifen dialogisiert, da wäre aber die Dampfe am Kacken gewesen."

Übrigens, wenn ich Glück habe, bleibt meine akrobatisch-fahrlässige Handyaktion letztens auf der A5 ungeahndet, denn das vom Straßenrand aus geschossene Foto (angeblich war dort ein Tempolimit) zeigt am Steuer lediglich eine Hand. Kein Wunder, denn exakt zu diesem Zeitpunkt habe ich gerade mein Handy aus den Fängen der Kupplung befreit. Nun muss mir die Polizeibehörde erst einmal nachweisen, dass dies auch wirklich *meine* Hand da am Steuer ist. Bis das stich- und hiebfest geklärt ist, fließt noch viel Wasser die Wetter hinauf. Was die angedrohte Abgabe meines Führerscheins angeht, ist somit weder aller Abend Tage, noch Hopfen und Malz vergoren. Sollte es aber doch dazu kommen, muss ich halt mit meiner Familie zu Ostern irgendwohin *fliegen*. „Mailand oder Madrid, egal, Hauptsache: Italien", würde Andi Möller empfehlen.

Tag 38
Vom Einparken

Ich bin mir sicher, fast jeder von uns erinnert sich noch an seine Führerscheinprüfung. Dabei unterschieden sich zwei Lager. Die einen haben den bevorstehenden Prüfungstermin kommuniziert, (ja, das ging früher auch ohne Facebook), die anderen haben ihn lieber für sich behalten, um eine etwaige Schmach besser vertuschen zu können. Dazu habe auch ich gezählt.

Meine Prüfung ist für einen frostigen Aschermittwochmorgen angesetzt gewesen, und ich habe beim Faschingsausklang immer wieder fadenscheinig erklären müssen, warum ich mich mit dem Alkohol zurückhielt. Schließlich habe ich nicht mit einer veritablen Karnevalsfahne im Gepäck zur Prüfung erscheinen wollen. Obwohl, während der Prüfling vor mir dran gewesen ist, habe ich gemerkt, wie der Prüfer neben mir auf der Rückbank ein „Tic Tac" nach dem anderen in den Mund geschoben hat, ehe er mich durch das enge und knifflige Gießener Einbahnstraßenlabyrinth hinter der Kongresshalle gejagt hat und es via Autobahn zurück nach Butzbach gegangen ist. Kurz vor Ende des

Autobahnausbaus bei Langgöns habe ich allerdings um ein Haar das Tempobegrenzungsschild mit der Hundert übersehen, was mich fast den „Lappen" gekostet hätte.

Sei's drum. Wie jeder halbwegs richtige Mann halte auch ich mich seitdem für einen wirklich guten Autofahrer. Nach 28 Führerscheinjahren und sicher weit über 800.000 gefahrenen Kilometern, stehen gerade mal vier Straßenrandfotos und zwei mickrige Blechschäden auf meinem KFZ-Kerbholz. Einen davon fabrizierte ich allerdings zu einem denkbar ungünstigen Zeitpunkt, und er brachte mich ziemlich in die Bredouille.

Im letzten Schuljahr stand an einem Donnerstag in der 6. Stunde eine Erdkundearbeit an. Leider überkam mich zwei Stunden vorher eine spontane Übelkeit, ausgelöst durch chronisches Unvorbereitetsein. Anders gesagt – alle Lehrer mal kurz weglesen bitte –, ich habe den Erdkundetest ... na ja, sagen wir mal: umgehen wollen. Beim hektischen und von Gewissensbissen gepeinigten Ausparken vor der Schule rammte ich dummerweise das Auto neben mir. Völlig konsterniert lief ich hoch ins Sekretariat, um den Schaden zu melden, und sogleich wurde das betreffende Kennzeichen über die Schullautsprecher ausgerufen. Und was glauben Sie, wer da angelaufen kam und sich als Besitzerin des beschädigten Wagens entpuppte? Genau! Meine Erdkundelehrerin! Ich weiß, das klingt wie ausgedacht, ist aber die Wahrheit. Während die Pädagogin pädagogisch besonnen reagierte, brachte ich es nicht fertig, ihr den wahren Grund meines Ausparkmanövers zu gestehen, und gab vor, dass ich mir nur schnell etwas zu trinken kaufen fahren wollte. Den Erdkundetest musste ich ich dann natürlich mitschreiben, was mir eine wohlverdiente 5- einbrachte. Eingebracht hätte, muss ich korrekterweise sagen, denn meine Erdkundelehrerin beschloss, aufgrund der blechschadenbedingten „emotionalen Ausnahmesituation", meine Arbeit nicht zu werten und mich den Test eine Woche später nachschreiben lassen. Noch heute denke ich fast bei jedem Ausparken an die nette Lehrerin Renate Küster zurück, die leider viel zu früh gestorben ist, mir aber durch diese faire Geste immer in guter Erinnerung bleiben wird.

Geblieben ist leider auch, dass ich bis heute ein lausiger Ein- und Ausparker bin. Wenn Sie in Butzbach und Umgebung mal einen Mann bemerken, der an eine Parklücke ranfährt, aussteigt und seine Frau einparken lässt: Das bin ich! Und ich stehe dazu, jawohl. Ich fahre mich und meine Familie zu jeder Tages- und Nachtzeit über fünf, sechs Stunden sicher und kompetent, wohin Sie wollen, aber Einparken gehört nicht zu meinen Kernkompetenzen. Meine Frau kann deutlich besser unser Auto in jede noch so enge („Martin, da passen wir zweimal rein ...") Parklücke bugsieren.

Übrigens: Bei der damals nachgeschriebenen Erdkundearbeit habe ich mich tatsächlich von einer 5- auf eine 5+ verbessert womit ich wenigstens nicht die schlechteste Arbeit der Klasse. Die Schadensklasse meiner Mutter allerdings, auf die mein Auto zugelassen war, hatte sich durch den Unfall allerdings deutlich verschlechtert.

Tag 39
Car-Freitag

Karfreitag ist sicher einer der außergewöhnlichsten Feiertage des Christentums. Vor allem, weil es eigentlich gar nichts zu feiern gibt. Im Gegenteil. An kaum einem anderen Tag wirken unsere Städte so ausgestorben wie am Karfreitag. Selbst alle sonn- und feiertagsoffenen Bäckereien lassen ihr emsiges Handwerk ruhen, und sogar beim Fastfood-Giganten kehrt Ruhe ein, was mich stets ein wenig nervös werden lässt. Es herrscht eine Stimmung, als würde Roland Emmerich in 3D das Ende der Welt einläuten. Dabei ist es doch nur Karfreitag. Dass viele Menschen aber gar nicht mehr wissen, warum sie an diesem Tag nicht zur Arbeit oder in die Schule müssen, beweisen immer wieder TV-Straßenumfragen privater Anstalten. Letztens hat darin ein junger Mann Folgendes gemutmaßt: „Das ‚K' von K-Freitag kommt echt wahrscheinlich vom Wort Kristen her."

Vernachlässigen wir mal den fragwürdigen Satzbau dieser Aussage, immerhin hat der Jugendliche ein Verb benutzt, was bei der varianzreduzierten Sprache unserer Jugendlichen heutzutage schon außergewöhnlich anmutet. Der Inhalt dieses Statements besticht durch seine frappierende Schlichtheit und ist dennoch wenig überraschend. Wessen Leben sich um E-Mail, T-Mobile, I-Phone, W-Lan und X-Box dreht, der vermutet auch einen K-Freitag. Aber gut, ich gebe zu, kleinen Kindern die umfassende Bedeutung des Karfreitags zu vermitteln, ist für Eltern nicht ganz so einfach. Ich meine, versetzen Sie sich doch einmal in eine Vierjährige. „Wie jetzt? Das eben gerade an Weihnachten geborene Jesuskind soll jetzt schon wieder tot sein? Das kann doch noch nicht mal laufen, jetzt soll es schon am Kreuz hängen?"

Besonders schwer fällt es mir, meiner jüngeren, extrem wurstaffinen Tochter klarzumachen, warum es ausgerechnet an diesem einen besonderen Tag im Jahr in unserem Haushalt konsequent keinerlei Fleisch und Wurst zu essen gibt. Ich versuche ihr zu erklären, dass wir durch diesen Verzicht ein kleines Zeichen setzen möchten, um das Leid, das Jesus an diesem Tag hat ertragen müssen, zu würdigen. Besonders kniffelig wird es jedoch, wenn plötzlich auch die große Schwester Partei für die kleine Fleischpflanze ergreift, was nun wirklich nicht häufig vorkommt:

„Also, ich weiß nicht, Papa. Meinst du wirklich, dass Vegetarier an Karfreitag als ‚Zeichen' und als ‚Würdigung des Leidens Jesu' auf ihr Gemüse verzichten und sich schweren Herzens ein Schnitzel reinziehen sollen?" Ich zucke mit den Schultern und erwidere, dass Karfreitag nun mal der höchste Fastentag des Jahres ist.

„Fasten heißt aber doch, dass man insgesamt von allem wenig isst. Wenn ich zum Abendbrot heute nur eine dünne halbe Scheibe Brot esse, was ist so schlimm an einer Scheibe Salami darauf? Ich finde, das ist mehr Verzicht und Würdigung, als wenn jemand vier hochbeladene Vollfett-Käsebrote und drei hartgekochte Eier mampft." Ich weiß natürlich nur zu genau, wen sie mit „jemand" meint.

„Hm ...", sage ich durchaus beindruckt ob dieser Logik und flüchte in die manchmal unausweichliche Elternphrasen-Nothaltebucht „Egal, es ist einfach so." wofür ich natürlich das übliche pubertäre Gezeter ernte.

Sei's drum, die Hauptsache ist, sie zählt später nicht zu den Jugendlichen, die bei TV-Umfragen nassforsch behaupten, dass sich das „Kar" in Karfreitag vom englischen Auto herleitet, sondern weiß, dass es auf das althochdeutsche Wort kara für Klage oder Kummer zurückgeht. Als ich meiner Kleinen dann noch eröffne, dass es an Karfreitag nicht nur keine Wurst, sondern auch nichts Süßes gibt, sind Klage und Kummer groß und münden in einen Totalzusammenbruch. Wie schön, dass mich meine große Tochter parallel dazu noch mit einer letzten, provozierenden Spitzfindigkeit beglückt. Ich solle wegen meiner Vorbildfunktion dann aber *ja* nicht auf die Idee kommen, am Karfreitag eine Süßkartoffel oder – noch schlimmer – gar eine Fleischtomate zu essen.

Bleibt nur eine Frage offen: Kann man neunmalkluge Töchter eigentlich am Ostersamstag auf dem Wertstoffhof abgeben?

Tag 40
Internatsidylle

Mal ehrlich, assoziieren Sie mit dem Begriff Internat etwas Positives? Bei mir ist er eindeutig negativ besetzt, denn für mich ist der Satz „Dann schicken wir dich auf ein Internat." stets der Inbegriff einer elterlichen Super-GAU-Drohung gewesen. Aber warum eigentlich? Alles, was ich damals aus Büchern oder aus dem Fernsehen über Internate gewusst habe, hat überhaupt keinen Anlass dazu gegeben, Angst davor zu haben oder Vorbehalte in Zement zu gießen. Im Gegenteil, auf „Burg Schreckenstein" ist das Internatsleben eine faszinierende Aneinanderreihung geheimnisvoller Abenteuer und witziger Streiche gewesen. Zudem haben in den Räumen von Graf „Mauersäge" tiefe Freundschaften unter den Schülern und ein fast kumpelhaftes Verhältnis zu so manchem Lehrer geherrscht. Für meine Helden Ottokar, Dampfwalze oder Stephan ist so etwas Profanes wie Heimweh nie ein Thema gewesen. Ebenso beim weiblichen Pendant „Hanni und Nanni". Dabei darf man als moderner Familienmensch durchaus auch einmal die Frage aufwerfen, was das eigentlich für Eltern sind, die ihre süßen Zwillingsmädchen einfach so auf ein Internat abschieben. Jetzt könnte man sagen, okay, „Burg Schreckenstein" und „Hanni und Nanni" stehen für eine andere Generation von Adoleszenzgeschichten. Nein, auch im heutigen TV-Internat „Schloss Einstein" ist das Leben ein einziges großes Abenteuer voller faszinierender Kinderkrimihandlungen, von Harry Potters fantastischer Internat-Zauberschule Hogwarts will ich erst gar nicht reden.

Kurzum, so wie Internate – früher wie heute – in Literatur und Medien dargestellt werden, müssten sie sich vor Zuspruch kaum retten können. Ich frage mich sogar allen Ernstes, warum es immer noch Kinder gibt, die lieber daheim leben möchten als in actiongeladenen Internaten, wo offensichtlich niemals auch nur eine Sekunde lang Langeweile oder Tristesse aufkommt. Dort, wo Jungs mindestens 19 gleichgesinnte, draufgängerische Kumpels und Mädchen 15 verrückte Hühnerfreundinnen haben, während einen zu Hause nur zwei nervige Geschwister und die uncoolen Eltern erwarten, die so ganz anders sind als tolle Internatsleiter wie der „Rex" von Burg Schreckenstein, Professor Dumbledore aus Hogwarts oder Joachim Fuchsberger als „Justus" im Fliegenden Klassenzimmer.

Als ich meiner großen Tochter letztens in einer Konfliktsituation – aber dennoch mehr aus Spaß –

zugerufen habe: „Dann schicken wir dich halt auf ein Internat!", hat sie dies folgerichtig auch nicht für einen Hauch von bedrohlich gehalten, sondern recht sachlich und abgeklärt geantwortet: „Das könnt ihr eh' nicht bezahlen."

Ergo: Wir Eltern müssen uns heutzutage andere Drohgebärden einfallen lassen. Zumal unsere Sprösslinge längst durchschaut haben, dass nach „drei" nichts Dramatisches passiert, wenn wir mal wieder völlig überfordert durchs Haus brüllen: „Ich zähl' bis drei!"

Übrigens: In unserer allabendlich familiären Vorlesezeit widmen wir uns derzeit tatsächlich gerade dem ersten „Schreckenstein"-Sammelband. Ein grandioser Flashback in meine Jugend. Parallel dazu habe ich erfahren, dass nun endlich, nach fast vierzig Jahren, im Herbst die erste „Schreckenstein"-Verfilmung ins Kino kommt. Und jetzt halten Sie sich fest, wer Graf Schreckenstein spielen wird: Harald Schmidt! Da lohnt es sich für die in Nostalgie schwelgende Ü-40-Fraktion doppelt, ihre Kinder zu begleiten.

Falls meine Töchter nach dem Kinobesuch dann aber endgültig einfordern, umgehend auf ein Internat geschickt zu werden, nun, dann haben wir ja immer noch die „Trotzkopf"-DVDs als Notfall-

Abschreckungsmaßnahme. Dort geht es nämlich so zu, wie ich es mir immer vorgestellt habe, denn das Regiment der tyrannischen Gouvernanten ist ultrastreng, extrem freudlos und ziemlich arbeitsreich. Das Blöde ist nur, dass meinen beiden Töchtern die im Film bis zum Exzess verordneten Näh-, Strick- und Stopfarbeiten sogar noch Spaß bereiten würden, da Handarbeiten gerade wieder „hip" ist. Insofern mache ich besser Schluss und stricke weiter an einer guten Beziehung zu meinen Töchtern. Zum Glück können Kinder ihre Eltern ja nicht auf ein Internat schicken. Nur irgendwann ins Altersheim, was dann aber irgendwie fast aufs Gleiche rauskommt.

Tag 41
Kinderlose Teil 1

Bevor Sie der Titel in die Irre führt: Nein, es geht nicht um irgendeine Adoptionslotterie oder dergleichen, sondern schlichtweg um Menschen ohne Kinder. Und um eine ganz besondere Zeit, die bei mir nun schon einige Lenze zurückliegt, mir aber dennoch nachhaltig im Gedächtnis geblieben ist. Vor etwa fünfzehn Jahren hat sich unser Bekanntenkreis in zwei fundamental unterschiedliche Parteien aufgeteilt: Die mit Kindern und die ohne. Gemeinsame Treffen mit Beteiligten beider Lager sind zunehmend schwieriger geworden. Nicht nur rein zeitlich, auch inhaltlich, jedenfalls, sobald es an eine gepflegte Konversation gegangen ist.

Auf der einen Seite: die noch Kinderlosen. Die, die es bis vor wenigen Monaten noch geschätzt haben, mit ihren nun zu Eltern mutierten Freunden über Bücher, Filme, Fußball oder Musik zu quatschen. Nun haben sie festgestellt, dass deren ehemals bunte Partywelt plötzlich einfarbig rosa oder hellblau leuchtet und sie sich nicht mehr über George Clooney oder Gwynneth Paltrow, sondern über abgekochtes Heilwasser, schadstoffbelastete Muttermilchersatzprodukte oder die richtige Verwendung eines „Vaporisators" unterhalten wollen. Treffen junge Eltern innerhalb einer Gruppe oder Clique dann noch auf Verbündete, können sie im Rahmen von Konversationen unfassbar ausgrenzend sein und bilden schnell einen konspirativen und exklusiven Kreis der Wissenden. Nicht ohne die Alltagsthemen, Probleme oder Stressfaktoren der noch kinderlosen Paare unfassbar überheblich zu belächeln. Nichts, aber auch gar nichts in der Welt ist schöner, vor allem aber auch anstrengender, als ein Kind zu haben, ist die Botschaft.

Tatsächlich hat es mal einen zweifachen Vater gegeben, der beim Betreten unserer – damals noch kinderlosen – Wohnung plötzlich den Finger auf den Mund gelegt und zu mir gesagt hat: „Hörst du das, Martin?" So sehr ich auch die Ohren spitze, ich hörte nichts.

„Genau. Das ist es ja, diese Stille ... Wahnsinn!" Ich bin mir richtig mies vorgekommen als kinderloser, dreißigjähriger Mann, der offenbar keinen Schimmer hatte vom echten Leben da draußen, von der rauen Wildnis einer Krabbelgruppe oder dem Adventure-Kick eines kindlichen Brechdurchfalls.

„Genieß' es, solange es noch geht", hat mein Kumpel mir auf die Schulter geklopft, ehe er wieder ins heimatliche Tollhaus zurückgekehrt ist und ich in aller Ruhe weiter die Samstagsbundesligaspiele auf dem Pay-TV-Sender „Premiere" geschaut habe.

Keine Ahnung, wie ich mich gefühlt hätte, wenn meine Frau und ich schon seit fünf Jahren verzweifelt versucht hätten, schwanger zu werden. Junge Eltern können diesbezüglich manchmal erstaunlich unsensibel sein, vor allem in Gesellschaft. Kurzum: Ich habe selten ausgrenzendere Menschengruppen erlebt als frischgebackene Eltern, wahlweise postnatal beseelt oder voller affektierter Panik, dem kleinen Hosenscheißer nicht das Allerbeste und Allerhochwertigste gekauft oder zubereitet zu haben.

Vor allem die lapidare Verwendung von Fachbegriffen wie „Vaporisator" macht Kinderlose schnell zu ahnungslosen Outsidern. Ich habe mir damals – als einer dieser noch Kinderlosen – bei einem unserer Cliquentreffen einmal den Spaß erlaubt, eine junge Mutter des Geheimbundes „Eltern" zu fragen, ob sie ihren „Vaporisator" denn vom „Orion"-Versandhaus oder von „Beate Uhse" bezogen hätte. Die Frau strafte mich mit einem dieser besonders hässlichen „Was-wisst-ihr-Kinderlosen-denn-schon-vom-richtigen-Leben?"-Blicke, und meine Frau und ich hatten Sekunden später ein befreundetes Pärchen weniger. Trotzdem finde ich, der Gag ist es wert gewesen.

Oft ist Kinderlosen in solchen Runden nur noch dieser eine, verzweifelte Satz geblieben, gleichsam als verbale Notsignal-Rakete: „Leute, seid ihr denn nicht mehr in der Lage, auch nur *zwei* Minuten über etwas *anderes* zu reden?" „Klar, logisch", ist stets die Antwort gewesen, und sie haben maximal 45 Sekunden gebraucht, um von Joschka Fischer via Atomausstieg zu Stoffwindeln und somit wieder zu ihren Kernkompetenzen zurückzukehren. Ich will ehrlich sein: Damals habe ich über diese militanten 24-Stunden-Eltern häufig gedacht: „Schert euch doch dorthin, wo der Fencheltee wächst und die Pastinaken begraben sind."

Tag 42
Kinderlose Teil 2

Eine Sache ist mir damals schon besonders sauer aufgestoßen, so dass ich mir geschworen habe, mich später als Vater niemals darauf einzulassen. Ich rede von der Lieblingsbeschäftigung junger Eltern, vor allem, wenn sie unter sich sind: das Vergleichen ihrer Kinder. Und das bevorzugt im Stile der Quartettspiele meiner Jugend.

„Wird schon zugefüttert mit Folgemilch 3, Stich!"

„Sagt schon Mama und Papa, Stich!"

„Kackt in die Windeln mit 1200 Umdrehungen pro Sekunde, Stich!"

Ich habe sogar Eltern gekannt, die damit angegeben haben, dass ihr kleiner, besonders gut entwickelter Wonneproppen mit fünf Monaten schon locker Kleidergröße 86 gebraucht hat. Als ich mich damals getraut habe, dezent anzumerken, dass dem Kind aber sowohl Hosenbeine als auch Pulloverärmel sechsfach hochgeschlagen wären und das ziemlich dämlich aussähe, haben wir wieder ein befreundetes Pärchen verloren.

Unvergessen ist auch der Satz eines anderen Jungeltern-Pärchens geblieben, der gefallen ist, als meine Frau zum ersten Mal schwanger war: „Also, damit das klar ist: Ein Kind verändert euer Leben komplett." Ich weiß noch genau, wie sehr ich mich über diese altkluge Pauschal-Prophezeiung innerlich aufgeregt habe und mehr denn je davon überzeugt gewesen bin, dass dies nicht zwingend so sein müsse. Jetzt, gut 15 Jahre später, muss ich zugeben, dass beide Seiten recht hatten. Natürlich verändert einen das Mama- oder Papawerden weitgreifender als alles zuvor. Nicht unbedingt wegen der paar Monate, in denen man nicht durchschläft, weniger ausgehen kann oder einen Babysitter bezahlen muss. Nein, mehr auf der Gefühlsebene. Durch die Geburt unserer ersten Tochter bin ich regelrecht gefühlsduselig geworden. So habe ich mich als Kinderloser gar nicht gekannt. Bei bestimmten Filmszenen bin ich nun so was von nah am Wasser gebaut ... Was sage ich, ich bin diesbezüglich fast schon ein Hausboot.

Überhaupt sorgt das Elternsein für eine extreme Komprimierung der Gefühlswelten. Niemand anderes kann einen innerhalb von Sekunden so dermaßen zu Tränen rühren, aber auch so unfassbar auf die Aggressionspalme bringen wie sein eigenes Kind. Insofern hat sich das Leben schon weitgreifend verändert, ist rasanter, dichter geworden. Auf der anderen Seite hatte aber auch ich ein bisschen recht, denn man ist durchaus in der Lage, Teile seines alten Lebens weiterzuleben. Natürlich muss man sich häufig dem Tagesrhythmus des Kindes anpassen, aber es gibt auch immer wieder Möglichkeiten, das Kind in seinen Erwachsenen-Tagesablauf einzugliedern, man muss es nur wollen.

Ich kenne genügend Eltern, die sich davor scheuen, weil sie der Meinung sind, das Kind gehe vor und man müsse alles, also wirklich alles andere dem Kind unterordnen. Andere Eltern hingegen schnappen sich ihren Säugling, stecken ihn in den Traveler-Rucksack und pilgern mit ihm durch Indien. Dieser Trip ist schließlich schon lange geplant gewesen, und wer später dazukommt, muss halt einfach irgendwie mit und kann keine Ansprüche stellen. Das andere Extrem sind diese Glucken-Eltern, die nicht bereit sind, mit ihrem Kleinkind auch nur nach Mallorca zu fliegen, ohne zuvor sicher zu gehen, dass alle Apotheken im Umkreis von 100 Kilometern hyperallergene Folgemilch auf Vorrat haben. Auch hier erscheint mir – wie so häufig im Leben – die Mitte am gesündesten.

So ist es mir in manchen Punkten gelungen, unsere Töchter von Beginn an auch ein ganz klein wenig an den elterlichen Lebensrhythmus zu gewöhnen. Zum

Beispiel habe ich, bis auf wenige Ausnahmen, auch als junger Vater mein Ritual fortsetzen können, am Samstagnachmittag die Bundesliga im Pay-TV zu schauen. Zu Beginn mit abgefülltem und schlafendem Baby auf dem Arm, später mit einer Kiste Duplosteine auf dem Laminatboden hockend oder jetzt mit einer Siebenjährigen auf dem Sofa neben mir, die mittlerweile die Aufstellung meiner Lieblingsmannschaft besser aufsagen kann als ich.

Klingt doch gar nicht so übel, ihr kinderlosen zukünftigen Papas da draußen, oder? Zeit also, das Lager zu wechseln, um endlich zu erfahren, was ein „Vaporisator" wirklich ist.

Tag 43
Klassenhund

Ich bin mir sicher, jeder von Ihnen, ob jung oder alt, hat während seiner Schullaufbahn irgendwann mal einen Klassenclown in seinen Pennälerreihen gehabt. Einen Klassenstreber oder einen Klassenschleimer bestimmt auch. Ich vermute aber, dass nur wenige von Ihnen einen Klassenhund gehabt haben wie meine jüngere Tochter, die gerade die zweite Grundschulklasse besucht. Ja, richtig gelesen, ein- oder zweimal in der Woche bringt die Klassenlehrerin Rauhaardackeldame Hanja mit in die Schule. Natürlich nicht, ohne sich im Vorfeld die Zustimmung der Schulleitung – und die von uns Eltern – eingeholt zu haben. Dahinter steckt ein durchaus interessanter pädagogisch-therapeutischer Ansatz. Wissenschaftliche Untersuchungen haben ergeben, dass die Anwesenheit eines Hundes bei Kindern Ängste abbauen, den Austausch von Gefühlen und einen verantwortungsbewussten Umgang mit Tieren fördern sowie die Kommunikation unter den Schülern, aber auch das Arbeitsverhalten an sich positiv beeinflussen kann. Für uns Eltern ist es wiederum schön, zu beobachten, wie unsere Kleinen immer wieder neue Geschichten rund um Klassenhündin Hanja mit nach Hause bringen.

Vor einiger Zeit erhielten wir dann von der Klassenlehrerin die Information, dass, zusätzlich zu Hanja, nun auch noch deren vor ein paar Wochen geborene Nichte Ilvy – punktuell – mit in die Klasse kommt. Klar, dass die Kinder außer sich vor Freude über den kleinen Welpen waren. Allerdings hat auch die Dackelmedaille bekanntermaßen immer zwei Seiten. Durch die Präsenz der beiden Hunde konnte sich bei uns zuhause unlängst ein Dialog entspinnen, der mich bis nah an mein Limit gebracht hat. Während ich sonst in meinen Texten hin und wieder der Realität eine gute Portion Phantasie hinzufüge, verbürge ich mich an dieser Stelle dafür, dass sich folgendes Gespräch zwischen meiner kleinen Tochter, der großen und mir vor wenigen Wochen während eines Mittagessens nahezu exakt so zugetragen hat.

Die Kleine: „Ach, Papa, übrigens: Ilvy hatte letztens Blut im Pipi."

Ich: „Aha. Lecker, iss bitte weiter ..."

Die Kleine: „Das bedeutet, dass sie jetzt schon Babys bekommen kann. Obwohl sie noch so jung ist."

Die mir gegenübersitzende Dreizehnjährige grinst mich verstohlen an.

„Mhm ...", antworte ich betont gelangweilt und hoffe, dass das Thema damit erledigt ist. Die Kleine setzt aber nach:

„Hanja kann ja keine Babys mehr kriegen, die ist ja schon älter und wurde, äh, die hat ..." Die Siebenjährige sucht verzweifelt nach dem richtigen Begriff, als die Große einfällt:

„Meno-Pause?"

Während ich mich an einer Nudel verschlucke, schüttelt die Kleine energisch den Kopf: „Nein, Hanja ist vom Tierarzt schon ... äh ... tätowiert worden."

Die Große brüllt los vor Lachen und katapultiert dabei einige halbzerkaute Nudelbrocken durch ihr Zahnspangengestell nach draußen, die Millisekunden später an der Küchentür kleben bleiben.

„Du meinst ‚sterilisiert'", verbessert sie nach Luft japsend.

Die Kleine: „Nein, Frau Müller hat das anders gesagt ..."

„Kastriert?", hakt die Große glucksend nach.

„Genau", antwortet die Kleine zufrieden.

„Das kann nicht sein", moniert die Große, „Hanja ist doch ein Mädchen, kastriert werden nur Männer."

Ich pike ein Hackfleischbällchen mit Tomatensauce auf, während es in meinem Unterleib zieht.

„Ist doch so, Papa, oder?", sucht meine große Tochter nach Zustimmung. Ich zögere. Eigentlich habe ich keine Lust, beim Mittagsessen ins unappetitliche Detail zu gehen. Auf der anderen Seite will ich die Kleine aber auch nicht in dem Glauben lassen, ihre Klassenlehrerin wisse nicht, welches Geschlecht ihre Dackel besitzen. Ich lege das Besteck zur Seite.

„Hunde, egal ob männlich oder weiblich, können sowohl kastriert als auch sterilisiert werden."

„Und was ist der Unterschied?", fragen beide Mädchen nahezu synchron. War ja klar.

„Nun ja", winde ich mich, „nach dem Sterilisieren *kann* Ilvy keine Babys mehr bekommen. Nach dem Kastrieren *mag* sie nicht mal mehr welche *gemacht* bekommen".

Während sich die Große mit knallrotem Kopf auf ihr Zimmer verzieht, stochert die Kleine unzufrieden ihre restlichen Nudeln auf. „Ach, Papa, ich glaube, davon hast du keine Ahnung. Ich frage da lieber noch mal Frau Müller."

„Ja, mach das", antworte ich erleichtert. Keine Ahnung zu haben kann mitunter sehr befreiend sein.

Tag 44
FanFiction

Dass die eigene Tochter mit nicht einmal 14 Jahren in den Untergrund geht und sich dabei einer anonym organisierten und rechtsfreien Subkultur verschreibt, wünscht man sicher keinen Eltern. Sich selbst schon gar nicht und trotzdem machen wir genau das gerade durch.

Um Ihnen Näheres zu schildern, muss ich allerdings weiter ausholen: Sicher kennen Sie alle die Geschichten des Zauberschülers Harry Potter, womöglich sind Sie sogar Fan der Bücherreihe oder der Filme. Sollten Sie aber denken, die Geschichte rund um das Internat Hogwarts sei mit dem siebten Buchband respektive mit dem achten Film zu Ende gegangen, dann täuschen Sie sich gewaltig beziehungsweise sind Sie absolut nicht up-to-date.

Schon längst kämpft Harrys Sohn Albus Severus an der Seite der Sprösslinge von Hermine und Ron gegen die hundertdreiundzwanzigste Reinkarnation von Megafiesling Lord Voldemort. Auch die durchaus überraschende Liaison der süßen Hermine mit dem zwielichtigen und dreimal so alten Hogwartslehrer Professor Snape ist Ihnen entgangen. Aber nein, wo denken Sie hin, Potter-Schöpferin J. K. Rowling hat nicht ihr Wort gebrochen und führt die Reihe fort, nein, es sind ihre Fans, die sich das alles ausdenken und auf unzähligen Internetseiten und in Foren zigfach fiktive Abwandlungen und die abwegigsten Fortsetzungen des magischen Stoffes verfassen.

Dies ist allerdings nur ein Beispiel von Tausenden. Alle einigermaßen bekannten und erfolgreichen Bücher, Filme oder Serien werden von schreibwütigen, meist jugendlichen Kreativen fortgesetzt oder – mehr oder weniger – phantasievoll abgewandelt. Dabei scheren sich die jungen Fastautoren wenig um irgendwelche Verlags- oder Autorenrechte. Zum Glück ist das reine Lesen dieser unkrautartigen Wortauswüchse nicht illegal, sonst würde ich als Erziehungsberechtigter einer FanFiction-Süchtigen — so nennen sich diese unautorisierten Ableger und Fortsetzungen — in Butzbach hinter schwedischen Gardinen sitzen, die so gar nichts mit IKEA zu tun haben.

Ein nimmersatter Bücherwurm ist meine ältere Tochter ja schon immer gewesen, aber jetzt kommt noch eine Art maulwurfartige Onlinegefräßigkeit hinzu. Denn sie nutzt ihr Handy – ursprünglich mal als tragbares Telefon konzipiert, wie ich ihr hin und wieder ins Gedächtnis rufe – als E-Book-Reader, um damit – ameisenbärähnlich – alle noch so abenteuerlich formulierten Varianten oder Weiterführungen bekannter Stoffe von speziellen FanFiction-Seiten aufzusaugen. Und dies in einer Miniaturschriftgröße, die mich dazu verleitet, einen der nervigsten Elternsätze meiner eigenen Kindheit selbst anzuwenden: „Kind, du verdirbst dir noch die Augen!" Mal ehrlich: Hätte man mir vor 35 Jahren gesagt, dass mein Kind später mal auf einem beleuchteten Miniaturtelefon unter der Bettdecke tonnenweise Bücher lesen würde, hätte ich es für einen faulen Zaubertrick oder Hexerei gehalten.

Aber was tun? Soll ich meiner Tochter diese Form der Lektüre verbieten? Nur weil es keine echte Literaturkunst ist, sondern die Texte – mit wenigen Ausnahmen – amateurhaft und dilettantisch formuliert sind? Ich, der früher *Modern Talking* toll fand? Ich, der ich mit 14 Jahren gerade mal drei Bände von „Pitje Puck", dem drolligen Schnauzbart-Postboten, gelesen habe? Nein. Und in solchen Zwickmühlen ist häufig die Flucht nach vorne eine gute Entscheidung. So habe ich nun beschlossen, mich selbst auf diesem paraliterarischen Terrain zu betätigen und plane eine Roman-Fortsetzung der Titanic-Geschichte. Kurzzusammenfassung: Im

Jahre 2028 taucht völlig überraschend die Titanic wieder auf und birgt tatsächlich noch eine Handvoll Überlebende, die in einer Art Luftblasen-Parallelwelt die letzten Jahre unter Wasser verbracht haben. Die Weiterfahrt nach New York verläuft problemlos, denn Eisberge gibt es 2028 nicht mehr. Am Ende findet der nur leicht ergraute – weil gut konservierte – Leonardo di Caprio (halb Fisch, halb Mensch) seine Rose wieder, die in einem hypermodernen Altersheim gerade in erstaunlicher geistiger und körperlicher Frische ihren hundertsechsunddreißigsten Geburtstag feiert (Oscar an Kate Winslets Maskenbildnerin). Beide heiraten, und die rüstige Celine Dion singt eine David-Guetta-Remix-Version von „My heart will go on". Völliger Blödsinn, sagen Sie? Na, dann liege ich doch bei den FanFictions goldrichtig. Schön übrigens, dass Sie diese Kolumne noch ganz „oldschool" Ihrer Zeitung entnehmen und nicht Ihrem Smartphone.

Tag 45
Einfache Doppelhaushälften

Vermieter haben es heutzutage wirklich nicht leicht, was nicht zuletzt auch an einer sich verändernden Gesellschaft liegt. Nichts sorgt schneller für die Kündigung eines Mietvertrags als eine plötzlich auftretende, veränderte Familiensituation. Aber so ist es nun mal heute, in einer Zeit, in der fast jede zweite Ehe in die Brüche geht, in der man als sogenannter „Midager" immer häufiger auf Scheidungsparties eingeladen wird. Ich selbst bin zum Glück erst auf einer, der eines befreundeten Religionslehrers aus dem Taunus, gewesen, der nach der Trennung von seiner Frau nicht nur in ein emotionales, sondern auch finanzielles Loch gefallen ist. Umso beeindruckender habe ich dann das erfrischend ironische Motto gefunden, unter dem er nach Ablauf des Trennungsjahres zur Party eingeladen hat: „Der Herr hat´s gegeben, die Frau hat´s genommen." Dass er damit Geld und Kinder gemeint hat, hat dem Ganzen noch eine bittere Humornote verliehen. Manchmal hilft aber nur Humor, um zu akzeptieren, dass die Gesellschaft sich in den letzten dreißig, vierzig Jahren verändert hat.

Früher haben Eltern im Schnitt vier Kinder gehabt, heute haben Kinder im Schnitt vier Eltern. Die Konsequenz aus diesem wachsenden Unverbindlichkeitsbedürfnis junger Menschen ist eine hohe Frequenz räumlicher Rotation. Eine Entwicklung, die Immobilienmakler erfreuen wird. Hausbesitzer, die verlässliche Langzeitmieter schätzen, eher nicht. So auch der Vermieter meines Bekannten, denn ihm war schnell klar, dass der nun alleinstehende Lehrer die 135 Quadratmeter Wohnung im teuren Taunus nicht alleine würde finanzieren können. Seine zukünftige Ex-Frau ist derweil samt Kindern bei ihrem Liebhaber in eine schmucke Dietzenbacher Doppelhaushälfte gezogen.

Übrigens: Der Begriff „Doppelhaushälfte" fasziniert mich ja schon seit längerem. Rein mathematisch, meine ich. Bei meinem Freund ist es nun so, dass vier Fünftel seiner Familie in einer Doppelhaushälfte eines Stadtviertels leben. Somit ist diese Trennung eine hochkomplexe Bruchrechnung, aus der mein Freund eiskalt rausgekürzt wurde. Seine Ex ist dabei der Zähler, da sie über den Dingen steht, während die gemeinsamen Kinder – unterm Strich – wieder nur als kleinster gemeinsamer Nenner fungieren. Wie so häufig bei Trennungen. Aber vernachlässigen wir das Rechnen, auch sprachlich ist es mir unerklärlich, warum unsere Gesellschaft immer wieder Worte hervorbringt, die alles noch komplizierter machen. „Doppelhaushälfte". Erklären Sie das mal einem Flüchtling im Deutsch-Sprachkurs.

Oder anders: Sie gehen doch auch nicht morgens in eine Metzgerei und sagen: „Guten Tag, ich hätte gerne ein doppeltes Pfund von dem halben Kilo Mett." Halb und halb, versteht sich. Nächstes Beispiel, gleiche Metzgerei: Wenn ich dort um „ein geräuchertes Bratwürstchen", bitte, die im Rücken der Verkäuferin an einer Stange, jeweils im Pärchen, hängten, bekomme ich jedes verdammte Mal als Antwort die Gegenfrage: „Ein Pärchen?" NEIN! Dann hätte ich zwei gesagt. Auch wenn sie durch einen Millimeter Schweinedarmkordel miteinander verbunden sind, sind es doch – für jeden gut erkennbar – zwei eigenständige Würste.

Gleiches gilt für die Häuser: So dünn die Wand zwischen ihnen auch ist, es sind zwei ganze, funktionstüchtige und eigenständige Häuser. Siamesische Zwillinge sind auch keine Doppelmenschhälften, oder? Keine Ahnung, welcher Makler sich irgendwann mal diesen dusseligen Begriff „Doppelhaushälfte" ausgedacht hat.

Wobei, ganz ehrlich: Eigentümer einer großen Mietimmobilie möchte ich auch nicht sein. Ein entfernter Verwandter ist durch eine Erbschaft nun unverhofft zum Vermieter geworden und ist mit den ad hoc anstehenden Aufgaben und zu treffenden Entscheidungen völlig überfordert. Zum Glück konnte er sich an einen Vermieterverein wenden und hat seitdem schon viele nützliche Dinge gelernt: Dass man „Wohnungsabnahme" nicht mit Enteignung verwechseln darf, dass man ein „Oderkonto" auch in Frankfurt am Main haben kann, dass eine „Handschenkung" nichts mit dem Transplantationsgesetz zu tun hat oder dass „den Stromanbieter wechseln" nicht bedeutet, die Gartensteckdose des Nachbarn anzuzapfen.

Beliebtes Mietstreitthema vor Gericht ist traditionell ja auch der Faktor „Lärm". Selbst dann, wenn er aus den friedvollsten aller Gründe entsteht, nämlich aus Liebe. Zu diesem Thema hängte unlängst ein Vermieter im Flur seines Mehrfamilienhauses folgenden Hinweiszettel aus: „Beim Sex nach 22 Uhr bitte an den Nachbarn denken." Ist doch selbstverständlich. Wer von uns „Midagern" denkt denn beim Sex noch an seinen eigenen Partner?

Tag 46
Hätte, hätte, Fahrradkette

Es wird wärmer! Wer es nicht am eigenen Leibe spürt oder sich durch einen Blick aufs heimische Thermometer vergewissert, merkt es an der Tatsache, dass nun wieder zigtausend Zweiräder unsere Straßen fluten. Seien es wadenstramme Pedalentreter oder lederklamottige PS-Cruiser. Letztere trifft man – nach dem traditionellen „Anlassen", häufig verbunden mit einem kirchlichen Segen – naturgemäß eher auf kurvigen Strecken als auf kerzengeraden Alleen. Einige wenige von ihnen scheinen sich auf die Wirksamkeit des Motoradsegens gottesfürchtig zu verlassen, betrachtet man ihre sportliche Fahrweise. Wer in diesen feiertagsträchtigen Tagen auf der Strecke zwischen Lich und Schotten unterwegs ist, begegnet nicht selten einem überforderten Schutzengel, der verzweifelt versucht, seinem zugeteilten Biker auf der rasanten Fahrt durch die Vogelsberger Kurven zu folgen. Aber auch der Anblick so mancher Radfahrer wirft beim geneigten Autofahrer Fragen auf. Berechtig zum Beispiel das bloße Tragen eines Tour-de-France-Trikots aus dem Jahr '96 – am Rande seiner textilen Dehnbarkeit – das Ignorieren eines wunderbar ausgebauten Radwegs?

Schauen wir uns doch im Rahmen dieser Kolumne die Spezies der Radfahrer etwas genauer an. Welche Typen kennen wir, und vor wem muss ich als Verkehrsteilnehmer die meiste Angst haben? Ordnen wir einige gängige Exemplare mal kurz nach der Geschwindigkeit, mit der sie uns im heimischen Straßenverkehr begegnen.

Da ist zunächst der betagte, semi-rüstige Rentner, der mit seinem Kombirad der späten Sechziger auf der dörflichen Ortsdurchfahrt in Richtung Friedhof oder Schrebergarten unterwegs ist, nicht selten bewaffnet mit einer zu drei Vierteln befüllten grünen Gießkanne, die am Lenker baumelt. Dieser Zweiradzeitgenosse fährt stets nur so schnell, dass er gerade so nicht umkippt, dementsprechend ist sein Fahren auch kein wirkliches Vorankommen. Nein, er schlingert sich so durch den Ort, was zur Folge hat, dass in Sommermonaten das mitgeführte Wasser in der Gießkanne bei der Ankunft im Garten oder am Friedhof bereits verdunstet ist.

Nur eine halbe Tempoklasse darüber liegt das fünfjährige Kindergartenkind, das ähnlich schlingert, dabei aber kein Wasser verliert, sondern überholenden Radfahrern oder passierenden Fußgängern mit der schlackernden Hello-Kitty-Riesenfahne am Gepäckträger schmerzhafte Peitschenhiebe versetzt. Meist folgen in etwa dreißig Metern Entfernung bandscheibengeplagte, junge Eltern, denen der Balg zuvor aus der lenkenden Hand entwischt ist.

Deutlich schneller unterwegs ist der frisch pensionierte Tourenradwanderer mit sonnengedarbtem Gesicht, unter dem ein käseweißes Dekolleté hervorblitzt. Von einem kleinen Bordcomputer navigiert, pumpen ihn seine kraftstrotzenden, sehnigen Waden über die Landstraße. Das Gefährt ist behängt mit sechs bis acht Satteltaschen, allesamt ergonomisch bepackt mit Wechselklamotten, Zelt, Isomatte und jeder Menge Astronautennahrung. Ihn entspannt überholende E-Bikefahrer straft der Weltumradler stets mit einem verständnislosen Kopfschütteln.

In einer anderen Geschwindigkeitsklasse bewegen sich die ambitionierten Vereinsradfahrer, die fast immer im Rudel auftreten und so beneidenswert fit sind, dass sie sich auch beim steilen Anstieg den Feldberg hinauf noch provozierend locker unterhalten können. Das macht mich persönlich immer am meisten fertig. Mal ganz davon abgesehen, dass es als Autofahrer wirklich schwierig ist, eine solche nebeneinanderfahrende Quasseltruppe zu überholen, ohne sie dabei zu dezimieren.

Am oberen Tempolimit liegt schließlich der Einzelzeitfahrer auf seiner Hightech-Rennmaschine, die mehr kostet als ein Kleinwagen. Während die Vereinsfahrer meist ein gleichmäßiges Tempo veranschlagen, kann es sein, dass der Halbprofi plötzlich und ohne Vorwarnung zu Sprints ansetzt. „Intervalltraining" nennt man das. In Butzbach gibt es zum Beispiel jemanden, der im Rahmen einer solchen Trainingseinheit den Schrenzerberg hinauf zum Freibad sprintet, wieder hinunterfährt, am Kreisel wendet und den Berg erneut erklimmt. Das Ganze bis zu acht oder neunmal am Stück, im permanenten Kampf gegen den inneren Schweinehund und gegen die irritierten Blicke der gemütlich auf der Terrasse frühstückenden Anwohner.

Fehlt zum Schluss nur noch des Autofahrers liebste Radfahrerkategorie. Diejenigen, die im Fitnessstudio vor einem Bildschirm stumpf vor sich hin treten. Aber Spaß bei Seite, selbst die haben mir etwas Entscheidendes voraus: Sie bewegen sich. Während ich hier am PC sitze, ausschließlich meine Finger bewege und mir denke, dass ich auch dieses Jahr schon früher etwas gegen meinen ganzjährigen Winterspeck hätte unternehmen sollen. Hätte, hätte, Fahrradkette. Noch zweimal Joggen, dann ist Weihnachten.

Tag 47
Mein Haustier

Letzte Woche habe ich mich an dieser Stelle den Radfahrern gewidmet und meine Kolumne mit dem halbherzigen Vorsatz beendet, mich mehr zu bewegen und an meiner Bikinifigur für den Sommer zu arbeiten. Zumindest zwei Körbchengrößen weniger sollten es schon sein bis zum Strandurlaub im Juli. Noch ist dahingehend allerdings nicht viel passiert, denn zunächst habe ich ja mein neues Kabarettprogramm auf die Bühne bringen und für Sie ein paar neue Kolumnen schreiben müssen. Ich finde, das sind stichhaltige Ausreden, oder?

„Schaff dir einen Hund an, dann musst du raus, egal was kommt", höre ich Sie da draußen an den Zeitungen schon ratschlagen. Nun, es ist ja nicht so, dass ich kein Haustier habe. Aber, ganz ehrlich, ich hasse es. Es ist faul, gefräßig und fett, besitzt aber dennoch eine enorme Überzeugungskraft. Immer, wenn ich mir vornehme, laufen zu gehen, liegt es breit grinsend vor meiner Eingangstür und verwickelt mich in eine Diskussion, deren Ausgang ich nur allzu gut kenne. Dabei sind seine Argumente von bestechender Schlichtheit. Es sei heute zu kalt, zu warm, zu nass, zu trocken, zu windig, zu matschig, zu ozonhaltig, zu pollenbelastet, zu was auch immer.

Mich schon halb von meinem sportlichen Vorhaben abgebracht, legt mein träger Hausparasit noch mal ordentlich nach: „Morgen zu laufen, wäre doch auch okay. Oder nächste Woche, da hast du ohnehin mehr Zeit und weniger Stress", wickelt mich das träge Untier um seinen faulen Finger. Wie immer kapituliere ich und stelle die Turnschuhe wieder weg. „Morgen aber ganz bestimmt!", rufe ich dem Ungetüm zu und weiß genau, dass es dann noch heftigere Argumentationsgeschütze auffahren wird.

Hin und wieder gelingt es mir aber tatsächlich, das träge Untier zu überwinden und mich klammheimlich an ihm vorbei zu schleichen. Und was macht dieses hinterhältige Gemütlichkeitsmonster? Rafft sich tatsächlich auf und trottet mir speckig hinterher. Spätestens nach acht Minuten hängt es mir im Nacken und säuselt mir fiese Sachen ins Ohr: „Die kleine Runde würde ja auch reichen." Oder: „Wenn du jetzt umdrehst, warst du immerhin eine gute Viertelstunde unterwegs."

Wenn Sie irgendwo zwischen Gießen und Friedberg mal im Wald einem hechelnden Jogger begegnen, der wahllos nach hinten austritt, dann bin ich das. Ich bin dann nämlich gerade dabei, mein lästiges Haustier abzuschütteln, das mich wie ein Duracell-Hase auf Valium stoisch verfolgt. Während ich versuche, so lange wie möglich einen Schritt schneller zu sein, brennt sich mir diese eine Frage immer tiefer in meine Gehirnwindungen: Kann man eigentlich seinen inneren Schweinehund im Tierheim abgeben? Was mir fehlt, liegt auf der Hand: Motivation.

Meine Frau ist so nett und hilft da aus: Nase rümpfend hält sie mir ein ausgedrucktes Foto unter die Nase, das sie kurz zuvor heimlich gemacht hat, als ich mit der Kleinen die Saisoneröffnung des aufblasbaren Gartenpools gefeiert habe. Das Ganze aus einer für mich sehr ungünstigen Perspe(c)ktive. Gemein, aber heilsam. Aus völlig freien Stücken bin ich nun also zu der Überzeugung gekommen, feierlich dem Speck zu Leibe zu rücken und meinen inneren Schweinehund kurzerhand an der A5 auszusetzen. Nicht dass es noch eine Tsunamiwarnung für die gesamte Ägäis gibt, wenn ich im Juli an der kretischen Küste ins Meer plumpse.

Okay, ich übertreibe ein wenig, so schlimm ist es gar nicht. Da es meiner Frau aber offensichtlich Freude bereitet, andere Mitmenschen auf kleine körperliche Defizite hinzuweisen, habe ich vor, ihr zum bevorstehenden Geburtstag einen Laserpointer zu schenken. Damit kann sie dann in Kreta am Strand Miturlauber ganz gezielt auf Problemstellen hinweisen. Jetzt muss ich nur noch verhindern, dass sie diese Zeilen hier liest, denn dann setzt sie mich sicher auf eheliche „Trennkost" und fliegt ohne mich … Moment, es klingelt an der Tür: Mist, das Tierheim bringt ihn mir zurück. Er hatte meinen Namen und meine Adresse hinter dem Ohr eintätowiert. Als Erstes fällt er hungrig über meine Joggingschuhe her. Tja, barfuß joggen geht ja nicht, das leuchtet doch ein, oder?

Tag 48
Tatüta

Haben Sie sich auch schon einmal vorgestellt, bei „Wer wird Millionär?" um ganz viel Geld zu spielen? Aber nicht von der Allwissenheitscouch im heimischen Wohnzimmer aus, sondern im echten TV-Studio, vor zehn Kameras und zehn Millionen Zuschauern.

Mein etwaiger Erfolg bei dieser Sendung wäre eklatant abhängig von den per Zufall aufgerufenen Fragekategorien. Wie vielen meiner Geschlechtsgenossen kämen natürlich auch mir Fußballfragen sehr gelegen. Zum Beispiel die hier: Welcher bekannte deutsche Nationalspieler sagte folgenden Satz? „Fußball ist wie Schach, nur ohne Würfel." Es war natürlich unser Fußballphilosoph Nummer eins, Lukas Podolski, dafür bräuchte ich nicht einmal vier Antwortvorschläge.

Was aber, liebe Männer, wenn an der Schwelle zu den heißersehnten sicheren 16.000 Euro plötzlich folgende Frage auftaucht: „Hobbynäherinnen schneidern gerne mal ein oder eine ... a) Dingdong, b) Palimpalim, c) Tatüta oder d) Tut-Tut?" Da hilft es Ihnen nicht die Bohne, zu wissen, welcher deutsche

Fußball-Nationalspieler zwischen 1999 und 2008 in 81 Einsätzen vier Tore geschossen hat. Wenn Sie aber – wie ich – eine Frau an Ihrer Seite haben, die dem Schneidern und Nähen nicht gänzlich abgeneigt ist, ist diese Frage natürlich Pillepalle, denn sowohl meine Gattin als auch meine große Tochter haben schon die eine oder andere „Tatüta" (Antwort c) genäht. Eine Taschentüchertasche.

Alles begann vor etwa sechs Jahren, als meine Frau mir zu Beginn der Sommerferien mitteilte, sie müsste unbedingt zum „Stoffmarkt" nach Frankfurt. Zunächst reagierte ich etwas beunruhigt, bis sie mir glaubhaft versicherte, dieser Markt habe nichts mit Drogen zu tun. Als sie etliche Stunden später im heimischen Wohnzimmer dann stolz ihre Shopping-Beute ausbreitete, kamen mir aber dann doch bewusstseinserweiternde Zweifel: meterweise rosa- und türkisblaugetränkte Stoffe, wild, nahezu schwindelerregend gepunktet und geblümt. Aha, dachte ich, so muss es sich in etwa anfühlen, wenn man zu viel von diesen Gute-Laune-Haschkeksen gegessen hat. Wahnsinn, irgendjemand hat ganz offensichtlich die guten alten Pril-Blumen" meiner Kindheit in den Siebzigern zu Hunderttausenden gesammelt und nun zu Stoffen weiterverarbeitet. Allein der Anblick dieses

Blüteninfernos bescherte mir einen mittelschweren Heuschnupfenanfall. Und dann diese ganzen elendigen Eulen in allen erdenklichen Motiv- und Farbkombinationen!

Völlig beseelt packte meine Frau die Stoffe dann wieder zusammen und verschwand damit im Nähzimmer, wo sie die nächsten sechs Wochen – von kurzen Verpflegungspausen mal abgesehen – mit ihrer „Overlockmaschine", was immer das auch sein mag, verbrachte.

Nun, Männer müssen nicht alles wissen. Trotzdem ist besagter Sommer folgerichtig ein recht einsamer für mich gewesen, auch wenn ich jetzt weiß, was Borten, Paspeln oder „KAM Snaps" sind, und Internetshops wie „Verflixtundzugenäht", „Dawanda" und „Elsepopellse" kenne. Ganz ehrlich: Echte Männer sind auf anderen Seiten unterwegs. Aber egal, wenn's den drei Damen Freude macht, sei's drum. Die rosa geblümte „Tatüta", die mir meine Große zum Vatertag vor drei Jahren genäht hat, habe ich allerdings nie in der Öffentlichkeit benutzt – so viel Mann muss sein – und sie fristet ein trauriges und dunkles Leben in meiner Nachttischschublade.

Mittlerweile ist bei meiner Frau das ganz große Nähfieber abgeklungen und bewegt sich wieder auf einem für unsere Beziehung unschädlichen Niveau.

Inzwischen bieten unzählige Flohmärkte, Kinderbazare und Selbsterzeugerstände alle erdenklichen selbstgenähten Accessoires in rauen Mengen an. Ein guter Indikator dafür, dass der Scheitelpunkt des Nähbooms erreicht ist und ihm nun das gleiche Schicksal droht wie vor Jahren der Window-Color-Bewegung und der Serviettentechnik-Hochkonjunktur. Trends kommen, Trends gehen.

Eines muss man allen Näh-, Strick-, Häkel-, Klöppel-, Knüpf-, Stick- und Bastelbegeisterten aber lassen: Im Gegensatz zu mir sind sie in der Lage, mit ihren eigenen Händen und einer guten Portion Kreativität ein Produkt herzustellen. Meine handwerklichen Fähigkeiten hingegen beschränken sich – zumindest zuhause – eher aufs Zerstören: Rasenmähen, Unkrautjäten, Gemüseschnipseln, Holzhacken. Ich muss Schluss machen. Unsere Kleine hat in einer verstaubten Kiste die gute alte „Stricklisel" entdeckt und fragt mich unentwegt, wie das blöde Ding funktioniert. Geht denn das schon wieder los ...

Tag 49
Bundesjugendspiele

Letztes Jahr um diese Jahreszeit am Frühstückstisch: „Das würd' ich sofort unterschreiben, wie cool ist das denn ...?!", ruft meine Tochter mit halbvollem Mund, während – wie so häufig – ich die Tageszeitung von vorne und sie von hinten liest.

„Was denn?", frage ich nur mäßig interessiert und vermute, dass wieder irgend so eine dusselige US-Studie etwas Überflüssiges bewiesen haben möchte. Zum Beispiel, dass Pubertierende, die ihre nassen Handtücher nach der Morgendusche zusammengeknäult in die Ecke des Badezimmers pfeffern, bessere Chancen auf einen Studienplatz haben. Aber, ich irre mich.

„Da wollen Leute die Bundesjugendspiele per Petition abschaffen", konkretisiert meine Tochter ihre Aussage und bringt mich tatsächlich dazu, die Zeitung spontan zu wenden. Natürlich ist es kein Zufall, dass diese Bewegung ausgerechnet *jetzt* mit ihrem Vorhaben an die Öffentlichkeit geht. Und ausgerechnet an jenem Morgen, an dem sich meine große Tochter auf ihre diesjährigen Bundesjugendspiele freut wie auf eine sechsstündige Zahnwurzelbehandlung.

Okay, ich gebe zu, ich bin auch nie ein großer Fan dieser Veranstaltung gewesen, aber in erster Linie deswegen, weil meine Lauf-Wurf-Hüpf-Leistungen nicht das Papier wert gewesen sind, auf dem die Urkunden gedruckt waren. Die 800 Meter lief ich – gefühlt – knapp unter einer Stunde, bei Weitsprung knallte ich in der Regel schon kurz vor dem Sandkasten auf, und beim Weitwurf lag ich nicht selten noch hinter dem dicksten Mädchen der Klasse. Es waren aber auch so überhaupt nicht meine Sportarten, nein, meine sportlichen Talente lagen woanders. Zu gerne hätte ich meine gefürchteten Tennis-Top-Spins oder meine Qualitäten als Freistoßspezialist beim Fußball bei den Bundesjugendspielen gegen Punkte eingetauscht.

Just als ich meine Tochter davon überzeugt habe, *nicht* umgehend diese Onlinepetition zu unterschreiben, vermeldet mein Fast-Namensvetter „Martin Wetter-Gudd" auf Hit Radio FFH, dass heute bis zu 33 Grad erwartet werden. Erneut nölt meine Tochter theatralisch-pubertär auf:

„Mann, Papa, echt jetzt, ich schaff' das nicht. Kannst du mir nicht 'ne Entschuldigung schreiben?" Durchaus verständnisvoll schüttle ich aber dennoch den Kopf.

„Ich erwarte ja keine Höchstleistungen, nur, dass du einigermaßen klaglos und mit einem

Mindestmaß an Würde daran teilnimmst", sage ich und weiß durchaus, wie viel ich da von ihr verlange.

Meine Tochter runzelt die Stirn. „Der E. braucht nicht teilnehmen wegen Ramadan, der hat's gut."

Blitzartig schnappe ich mir ihr üppig beschmiertes Nutellabrot und lege es für sie unerreichbar an das andere Ende des Frühstückstisches. „So, das war's mit dem Frühstück, und jetzt aber fix den Mund spülen!", fordere ich sie auf und ernte ein fassungsloses „Sach maaa, geht's noch?"

Ich grinse. „Der E. hat es nämlich *so* gut, dass er von vier Uhr in der Früh bis heute Abend um zehn keinen Krümel essen und keinen Tropfen trinken darf. Und das nicht nur heute, sondern noch einige Tage lang."

Meine Tochter schnaubt und verlässt mit zickiger Attitüde den Frühstückstisch, was mir als Vater zeigt, dass meine spontane Veranschaulichungsmaßnahme Wirkung zeigt. Zehn Minuten später verlässt sie kommentarlos das Haus, nur um einige Stunden später, rot gebraten wie ein Hähnchen und nervlich wie kräftemäßig total am Ende, wieder nach Hause gekrochen zu kommen. Auch dieses Jahr reiht sie sich in die Guth'sche Familientradition ein und bleibt – genau wie ich früher – sieger- und ehrenurkundenlos. Eine kleine Retourkutsche in meine Richtung kann sich der sportlich gedemütigte Teenager jedoch nicht verkneifen:

„Dir würden vier Wochen Ramadan auch mal ganz gut tun, Papa", sagt sie und deutet auf meinen Speckgürtel. Ich gebe ihr recht, bekomme Mitleid und verspreche reumütig, ihr im nächsten Jahr eine Entschuldigung für die Bundesjugendspiele zu sch-reiben. Allerdings in Form eines bedruckten T-Shirts mit der Aufschrift: „Sehr geehrter Herr Sportlehrer, wir bitten Sie, die Leistungen unserer Tochter bei den Bundesjugendspielen zu entschuldigen. Sie hat andere Talente."

Ob sie tatsächlich den Mut aufbringt, bei den nun wieder anstehenden Sportspielen mit solch einem Shirt im Butzbacher Schrenzerstadion aufzulaufen, wird sich zeigen. Falls ja, bekommt sie von mir eine olympiareife Papa-Ehrenurkunde.

Tag 50
1 + 1 = 3

Haben Sie Ihr Kind eigentlich auch „bepinkeln" lassen? Bevor Sie jetzt angeekelt das Buch aus der Hand legen oder beim Kinderschutzbund anrufen: Bei diesem uralten, aus Norddeutschland stammenden Brauch gilt es, die Geburt seines Sprösslings im Kreise seiner Freunde mit reichlich Gerstensaft zu begießen. Also nicht das Kind, sondern sich.

In der Regel geschieht dies, noch bevor die Frau mit dem Baby aus dem Krankenhaus zurückkehrt, was sich heutzutage immer schwieriger gestaltet, da so manche Mutter schon wenige Stunden nach der Niederkunft wieder nach Hause geschickt wird. Die erste Prüfung des Neuvaters ist somit, die gemeinsame Wohnung am Morgen nach dem Gelage wieder in einen Zustand zurückzuversetzen, der sie als solcher wieder erkennen lässt, sprich, bei deren Anblick die zurückkehrende Jungmutter keine Nachwehen bekommt.

Kurze Zeit später folgt dann die erste gemeinsame Prüfung junger Eltern, ein Vorgang, der schon so manch junges Glück an seine frischvermählten Grenzen gebracht hat: das Anzeigen der Geburt des

Kindes in der Heimatzeitung. Bei uns ist dies nun knappe 14 Jahre her, aber ich weiß noch heute, wie lange wir mit dieser Anzeige gerungen haben. Nicht nur wegen der Namen, nein, auch wegen der graphischen und textlichen Gestaltung der Anzeige. In den heiligen Hallen des Heimatboten galt es nämlich, die Wahl zwischen Geburtsanzeigenschablone A, B oder C zu treffen, jede Variante an guten Samstagen geburtsträchtiger Zeiten unzählige Male im hinteren Teil der Zeitung verbraten. Gespickt mit den immer gleichen apokalyptischen Textversatzstücken wie „Ab heute bestimme ich, wie lange geschlafen wird.", „Jetzt kommt Leben in die Bude" oder arithmetischen Höchstleistungen à la „1 + 1 = 3".

Etwas mehr Auswahl haben dagegen die dazugehörigen Bildchen geboten. Knuffige Kitsch-Teddys in 78 Varianten. Oder sollten es die kleinen Schühchen neben den großen Latschen der Eltern sein? Oh-wie-süß auch die putzigen schlafenden Babys in 146 drolligen Versionen.

Ganz besonders beliebt ist damals das Bild eines armen kleinen Käfers gewesen, der von einem wild gewordenen Kleinkind geritten wurde. Da wir aber ein zartes, kleines Mädchen anzuzeigen hatten, erschien uns diese doch leicht rabaukige

Variante eher unpassend. Aber auch für keine der anderen abgegriffenen Vorlagen konnten wir uns entscheiden, und so schusterte ich am Ende des Tages die Anzeige am heimischen PC selbst zusammen, schlicht, aber trotzdem individuell.

Natürlich gibt es Anzeigen-Anlässe, für die ich eventuell auch auf solche „Fertigmenüs" zurückgreifen würde, zum Beispiel im Pietätsbereich. In einer emotional schwierigen Situation ist man sicher für jede erdenkliche Hilfe dankbar. Aber nur, wenn man dabei auf zuverlässige Kräfte trifft. Nicht auszudenken, was passieren würde, wenn ein schusseliger Zeitungsmitarbeiter die Anzeigenschablonen der Ordner „Geburt" und „Trauer" vermischte. Der Heimgang der alterssturen, pflegebedürftigen Oma könnte dann wie folgt aussehen: „Ab heute bestimmen wir wieder, wie lange geschlafen wird, denn jetzt geht Leben aus der Bude. 3 – 1 = Erbe." Daneben ein Bild, auf dem die Verstorbene auf einem Sargdeckel reitet.

Einen leicht morbiden Beigeschmack hätte hingegen die parallel im Nebenzimmer aufgegebene Geburtsanzeige: „Nach schwerer, mit großer Geduld ertragener Schwangerschaft begrüßen wir in Liebe und Dankbarkeit unsere Tochter, unsere Schwester, unsere Enkelin, unsere Nichte Madison-Shakira

Stoppelhuber. Die Geburt fand im engsten Kreis der Familie statt." Und da ja unangemeldete, postnatale Verwandtschaftsüberfälle besonders stressig sind, würde sich der Zusatz „Von Kondolenzbesuchen bitten wir abzusehen." sicherlich positiv auswirken. Wobei, wer Kindern solche Namen gibt, bekommt ohnehin keinen Besuch mehr. Ich hoffe, Sie haben sich nicht bepinkelt vor Lachen, und bedanke mich am Ende der 50. Folge dieser Kolumnenreihe für Ihre Aufmerksamkeit und die vielen positiven Feedbacks.

Wenn Sie Ihrer Begeisterung ob meiner Texte besonderen Ausdruck verleihen möchten, nur zu, gerne können Sie mir Präsente jegliche Art zukommen lassen, nur bitte keine neckischen Bärchen, Schühchen oder Käferchen.

Ein dickes DANKE an …

… meine Familie, die, satirisch überspitzt, hier oft schlechter wegkommt, als sie es verdient hat, dies aber tapfer und mit viel Humor erduldet. Was genau in diesem Buch Fiktion und was Wahrheit ist, bleibt natürlich ein Familiengeheimnis.

… Andrea für das doppelte Vorlektorat und für vieles mehr.

… an das Team des Cocon-Verlags für die jederzeit konstruktive und sympathische Zusammenarbeit vor allem im Lektorat, sowie bei der Titel- und Covergestaltung.

… an das Mittelhessische Druck- und Verlagshaus GmbH & Co. KG in dessen Verbund (Wetterauer Zeitung, Gießener Allgemeine, Alsfelder Zeitung) die diesem Buch zugrunde liegenden „Vatertage" erscheinen. Und an die Leser dieser Zeitungen natürlich.

... unzählige nette Butzbacher. Ohne die vielen positiven Rückmeldungen zu den satirischen Ein- und Ausleitungen meiner „Wir sind Butzbach"-Portraits in der Butzbacher Zeitung, hätte es die „Vatertage", und somit dieses Buch, nie gegeben.

... alle Menschen, die durch dieses Buch Lust bekommen haben, zu einer meiner Lesungen oder Kabarettauftritte zu kommen, sowie schon jetzt an alle Buchhandlungen, Bibliotheken, Bühnen, Vereine, Privatmenschen, die Lust haben, dieses Buch — gemeinsam mit mir — als musikalisch-kabarettistische Leseshow zu engagieren.

www.martinguth.com
www.facebook.com/martin.guth.5
info@martinguth.com